पत्थर की बैंच

[1985-91 की कविताएँ]

पत्थर की बैंच

चंद्रकांत देवताले

राधाकृष्ण प्रकाशन

ISBN : 978-81-8361-985-1

पत्थर की बैंच (कविता)

पहला संस्करण : 1996
दूसरा संस्करण : 2021
This book is printed on **Print on Demand** Technology : 2026

मूल्य : ₹395

प्रकाशक
राधाकृष्ण प्रकाशन प्राइवेट लिमिटेड
जी-17, जगतपुरी, दिल्ली-110 051
शाखाएँ : अशोक राजपथ, साइंस कॉलेज के सामने, पटना-800 006
पहली मंजिल, दरबारी बिल्डिंग, महात्मा गांधी मार्ग, प्रयागराज-211 001
1, अनमोल सोराबजी सन्तुक लेन, धोबी तलाव, मरीन लाइंस, मुम्बई-400 002
वेबसाइट : www.radhakrishnaprakashan.com
ई-मेल : info@radhakrishnaprakashan.com

PATTHAR KI BENCH
Poems by Chandrakant Devtale

पिछले तीस बरसों के सुख-दुख तथा कविता के सँगाती
विष्णु खरे, सुदीप बैनर्जी, भगवत रावत, प्रभात त्रिपाठी
और चंद्रकांत पाटील के वास्ते

क्रम

जो रास्ता भूलेगा

मैं सुन रहा हूँ
किसी की पास आने की आहट

मेरी देह बता रही है
कोई मुझे देख रहा है

जो रास्ता भूलेगा
मैं उसे भटकावों वाले रास्ते ले जाऊँगा

जो रास्ता नहीं भूलते
उनमें मेरी कोई दिलचस्पी नहीं।

इतिहास

यह छोटा-सा पन्ना बहुत बड़ा है,
मेरी ज़िन्दगी का सब कुछ इतना नहीं
सब बातें सब लोगों जैसी
अलग से मेरा सिर्फ़ इतना
ज़िन्दगी के आधे से अधिक वक्त
खून खौलता रहा मेरा
गूँगे-बहरे पत्थरों के बीच
कुत्ते की तरह चौकन्नी आत्मा मेरी
आवाज़ की छाया तक पर निगरानी रखती रही
टूटे कपट
कद आदमी पहचाने अपना
सहारा मिले खुद को—सब को
आधे से अधिक वक्त
इसीलिए शब्दों में सुरंग लगाता रहा

जो बचा आधे से कम
सपनों के स्थापत्य में गया
सोता रहा घोड़े बेचकर, प्रेम और बचपन में

यही इतिहास
दुबारा पढ़ता हूँ हस्ताक्षर करने के पहले
याद आते हैं पुरखे कितने ही
भूल जाता हूँ अपना नाम।

आज कह रहा हूँ

मैं लिख रहा हूँ अपनी मृत्यु
एक काला आईना फैलता जा रहा है आकाश में
मैंने अब तक जो भी लिखा वह मरना ही था

मैंने पहले कभी नहीं कहा आज कह रहा हूँ
मैं पराजित हुआ इस भूल-भुलैया से
मेरे समूचे शब्द बन सके
सिर्फ़ एक शोक प्रस्ताव
उसके प्रति जो एक धधकता हुआ लावा
आग और बारूद था।

जीने का स्वाभाविक रास्ता

पत्थर, मेज, कुर्सी
बन जाने के बहुत से रास्ते

इतिहास के म्यूजियम में
कोई कमी नहीं मुखौटों की
अँधेरा मनमाफिक
मुखौटा सजाने के लिए

फिर समाज, रोशनी शब्द
अनाप-शनाप जगह और वक़्त
मुखौटे सहित मुसकाने के लिए

इस तरह अमुक-तमुक
कुछ भी बन जाने के
जितने मुखौटे उतने ही रास्ते

पर मैं पाप करता हूँ
और माफी माँगता हूँ
मैं और फिर पाप करता हूँ
और फिर माफी माँगता हूँ
दूसरा नजर नहीं आया मुझे जीने का
इससे बेहतर
और अपना स्वाभाविक रास्ता।

हादसा

मुझे सात नवम्बर को मरना था
मैं चार दिन पहले ही मारा गया
मैं अपने घर में मरा
झूठ और मक्कारी आदमी को कहीं भी दबोच सकती है

मैं पी रहा था तभी मेरी हत्या की कार्रवाई
शुरू हो गई थी जिससे मैं बेखबर था

छुट्टी के दिन जब खुशी को कोई आदमी
जाड़े के कोट की तरह पहनने को आमादा हो
और तभी उसकी बाँहें इत्मीनान से काट दी जायें
मेरे साथ इतवार की रात ऐसा ही हुआ
बस मैं उठकर रोटी तोड़ने जाने ही वाला था
कि मेरा गिलास झन्ना क़र बिखर गया

यह गोली कहाँ से दागी गई थी
मैं अंतिम क्षण तक नहीं जान पाया
बस मुझे इतना होश रहा
कि जल्दी की गई और थोड़ी ज्यादती भी
सात नवम्बर को तो मुझे मरना ही था
और तीन को ही यह हादसा हो गया।

पुनर्जन्म

मैं रास्ते भूलता हूँ
और इसीलिए नये रास्ते मिलते हैं

मैं अपनी नींद से निकलकर प्रवेश करता हूँ
किसी और की नींद में
इस तरह पुनर्जन्म होता रहता है

एक ज़िन्दगी में एक ही बार पैदा होना
और एक ही बार मरना
जिन लोगों को शोभा नहीं देता
मैं उन्हीं में से एक हूँ

फिर भी नक्शे पर जगहों को देखने की तरह
ही होगा मेरा ज़िन्दगी के बारे में कुछ कहना
बहुत मुश्किल है बताना
कि प्रेम कहाँ था किन-किन रंगों में
और जहाँ नहीं था प्रेम उस वक़्त वहाँ क्या था

पानी, नींद और अँधेरे के भीतर इतनी छायाएँ हैं
और आपस में प्राचीन दरख़्तों की जड़ों की तरह
इतनी गुत्थमगुत्था
कि एक दो को भी निकाल कर
हवा में नहीं दिखा सकता
जिस नदी में गोता लगाता हूँ
बाहर निकलने तक

या तो शहर बदल जाता है
या नदी के पानी का रंग
शाम कभी भी होने लगती है
और उनमें से एक भी दिखाई नहीं देता
जिनके कारण चमकता है
अकेलेपन का पत्थर।

अँधेरा होने पर

हथकड़ी पहनाता है उजाला
दिन के कुएँ में डूबी वह औरत
डूबती रहेगी सारे दिन
घोड़े रौंदते रहेंगे घास
न्यायाधीश लिखते रहेंगे फैसले
पृथ्वी घूमती रहेगी
किसी की आँखों में नहीं खुपेगी
धूप के बीहड़ में दुबकी हुई औरत
अँधेरा होने पर वह खुद निकलेगी बाहर
कपड़े नहीं, देह ही नहीं सुखाने के लिए
हड्डियों तक को बिछा देगी स्याह चट्टान पर
फिर खून और पसीने की गंध से भरी पूरी
वह माँ हो जाएगी
अँधेरे के शिशुओं को स्नान-पान कराती पृथ्वी।

आग के पिंजरे में

एक काली गेंद मेरी तरफ लपकती है कौंधती हुई
और मैं सूरज के झुरमुट में मुँह छिपाने लगता हूँ

मुँह मुझसे अलग हो जाता है
और एक दहकता चाकू
मेरे कलेजे पर वार करता है

मैं बिन चेहरे के ही कूद पड़ता हूँ नदी में
पर कलेजा मेरा साथ नहीं देता
छूट जाता है चाकू बिंधा जलती हुई रेत पर

अब पानी मुझ पर झपटता है शेर की तरह
और मैं आग के पिंजरे में हवा का दोस्त बन जाता हूँ।

बाहर और भीतर

मैं एक आईने के भीतर सो ग़या
क्या करता
बाहर तो जगह ही नहीं थी
और जो थोड़ी-सी जगह थी भी
वहाँ आवाज़ों की परछाइयाँ
सो रही थीं

इसलिए मैं आईने के सपने में सो गया
बाहर मेरी परछाईं थी
जागती हुई और अपने को
आईने में सोये देखती हुई

बाहर मैं चूहे की तरह
समय और प्रेम को एक-एक कर
कुतर रहा था

आईने के भीतर समय और प्रेम
मेरे साथ ऐसा ही सलूक कर रहे थे।

चन्द्रमा किसी से नहीं छीन सकता उसका पागलपन

कवि जहाज पर हिचकोले खा रहा है
और उसकी आँखों में एक औरत
समुद्र में नहा रही है।

समुद्र में नहाती हुई औरत
अपने घर की खिड़की से देख रही है
एक आदमी कविता लिखते हुए समुद्र में डूब रहा है

सारे दिन वह डेक पर रहा जूतों समेत
और जहाज भी उसके लिए एक जूता ही था
पानी पर फिसलता हुआ

सारी रात वह औरत जूते छिपाती रहीं
पर चाँदनी इतनी थी
आँसू तक छिपाना सम्भव नहीं था

उसकी आँखें समुद्र में गोते लगाती रही
और वह हवा और धूप में
अतीत को ढूँढ़ता रहा

औरत के कपड़े आकाश में सूख रहे थे
और एक चिड़िया ने कहा
ये कपड़े मुझमें सूख रहे हैं

यह जहाज से देखता रहा
वह छत से
स्मृतियाँ चाँदनी में बिछी हुई थीं
समुद्र के गृह-प्रवेश की प्रतीक्षा में

न तो वह जहाज पर है न यह छत पर
दोनों भगा रहे हैं बिल्ली की तरह
कमरे में घुसी चाँदनी

दोनों के भीतर का पानी
सिर के ऊपर से बह रहा है
चन्द्रमा किसी से भी नहीं छीन सकता उसका पागलपन

बादामी घोड़े की मांसपेशियों पर
फिसलती हुई चाँदनी
गिरफ्तार कर रही है रफ्तार को
दोनों भौचक होकर देख रहे उड़ते घोड़े का थम जाना

चाँदनी का झाग औरत के मुँह में
घोड़े की रास खींचते-खींचते
आदमी पसीना-पसीना

दरअसल चन्द्रमा लड़ा रहा दोनों को
किसी एक को सता कर
दूसरे को चुपचाप सितार सा बजा रहा

दोनों ही झपट रहे चन्द्रमा पर

थोड़ा-थोड़ा चन्द्रमा हथियाना किसे नहीं अच्छा लगता
दोनों परेशान हैं परस्पर पिलाने को

चन्द्रमा के चूर्ण से बनाया शरबत
ईश्वर जाने कैसे क्या होगा

चन्द्रमा तो आकाश में है सही सलामत
और खण्डन करता हुआ
समुद्र तथा इन दोनों के बीच की खींचतान के बारे में
अपनी किसी भूमिका को

गहरी नींद में है थका समुद्र
ये दोनों भी जुड़वाँ पत्थरों की तरह सोये
आधे रेत में छिपे आधे चमकते चाँदनी में।

उसने चौंका दिया एकाएक कहकर

प्रेम के सबसे निकट बैठी है मृत्यु
और बीच में बह रही है आहत इच्छाओं की नदी
आधी रात को खुलता है नींद का दरवाजा
पानी की लौ में दिखाई पड़ते सूरज के टुकड़ों की तरह नदी के घाव

हम दोनों सहलाते हैं चमकते जख्मों को होंठों से छूते हैं
और एक दूसरे के भीतर रख लेते हैं
अपनी-अपनी पसंद के सूरज के टुकड़े
'अब क्या करें'—वह मेरे भीतर से पूछती है
'बरदाश्त के बाहर है यह आग'—मैं उसकी धड़कनों में बुदबुदाता हूँ

फिर हम दोनों दौड़ते सँभालते एक-दूसरे को
धँसने लगे नदी के सबसे अँधेरे में
और मुक्त होकर इस आग से
जब हम सुस्ता रहे थे शब्दों से परहेज करते
उसने चौंका दिया एकाएक कहकर—
ठंडा है पानी का अँधेरा यह बिल्कुल मृत्यु की तरह

मैंने तय किया अब हमें प्रेम के बाहर चला जाना चाहिए
और मैं उसी तरह दौड़ते सँभालते
उसे खींच लाया चौके में जहाँ हमने पाया
अपने को अपने से बाहर और भूखा।

नींद और कवि

रात पत्थरों को पीसती है
बिखरता रहता है पत्थरों की छाती में छिपा
पानी का उदास संगीत

और नींद है अँधेरे में बिल्ली की चमकती आँख

एक घुड़सवार रौंदता है सपनों को
कवि दर्ज करता है कविता में
कुत्तों के रुदन का प्राचीन शिलालेख
और घोड़े की नाल ठुक जाती है जख्म के ऊपर

धीवर की फटी आँखों में लेटा समुद्र
करवट तक नहीं बदलता
पियक्कड़ों से बेखबर आसमान
देखता रहता है जलता हुआ पहाड़
एक अकेला आदमी खोदता रहता है अपने भीतर
किसी अज्ञात अकेली औरत का सन्नाटा

कवि बिल्ली को पुचकारना चाहता है
पर वह पीती रहती है शब्दों का दूध।

एक नींदहीन रात की कंविता

सेमल के फूल उड़ते हुए
भीतर
रचते सेमल के रेशों का धुआँ
कठफोड़वा पक्षी बनकर स्मृति
टाँकती आत्मा की टहनी एक
बुनते हुए पतझर की कोई प्रसन्न धुन

लम्बी रात की स्याह सुरंग में
जुगनू की तरह दिपदिपांती मेरी नींद
मेरी नींद के भीतर
मेरे जगने की रोशनी और
मेरे जगने की रोशनी के भीतर
प्यार के सैकड़ों दिनों के गुनगुनाते ज़ंगल

बाहर परदे की तरह छाये धुएँ में भी
बतियाते चुपचाप आकाश के तारे
कितनी भली लगती है रात ठण्डी साँसों की तरह
आँखों के कितने पास
जब अकेली चट्टान को भी बजातीं
ओस की बूँदें टप्-टप् कर
मैं देखता अपनी ही देह
बेहद हल्की नीली उड़ती हुई वर्तमान के बाहर
और फिर आसमान को बंद कर लेता
अपनी आँखों में

करवट लेती हँसी के बीच पानी के
झिलमिलाते कितने अक्षर
प्राणान्तक अँधेरे में भी
आलाप लेता समुद्र
सुबह की लय के विस्तार का।

पुराने घरों की बिल्लियाँ

घरों को इसी तरह होना था
जिस पर वश नहीं था किसी का
चूल्हा गायब हुआ
ठण्डे चूल्हे की गरमी में सुरक्षित
बैठी रहती थीं पुराने घरों की बिल्लियाँ

पुराने घरों की बिल्लियाँ पुरखन की तरह
अँधेरे दालानों में प्रशिक्षित करती थीं
अपने नवजातों को शिकार के लिए
अधमुँदी आँखों से हरक़त करने से लेकर
झपट्टा मारने
चपल चूहों की छलाँग पर
काबू पाने की मुस्तैदी तक के लिए तैयार करती थीं

उनकी चतुर रणनीति
और अनुभवी मौजूदगी के साये में ही
बच्चे समझते थे कुत्तों के भौंकने का अर्थ
पहचानते थे दूध का स्वाद
सीखते थे देह चुराने और
आँखें तरेरने के रहस्य

कभी-कभी संस्कृत-पंडितों की-सी स्मृतियों के साथ
शास्त्रार्थ का माहौल बना देती थीं पुरखन बिल्लियाँ

जब वे गुर्राने लगती थीं शेरनियों की तरह
और साफ़ बचा ले जाती थीं
दुश्मनों के चक्रव्यूह से अपने नवजातों को

बिल्ली माँओं का पैंतरा बदलना
गद्दीदार पंजों से
पीछे हटकर अकस्मात लपकना
और तेजी से चढ़ जाना ऊपर

खपरैल गिराते हुए मुँडेर लाँघना
और फिर भूलकर सारा वैमनस्य
चतुर बहुओं और घाघ सासों की
ज़रा-सी गफ़लत का भरपूर फायदा उठाकर
दूध चट कर जाना

अब तो इतिहास में दर्ज हो चुका है
यह पुरखन पुराण

अब कहाँ वैसा दूध वैसे दालान
मँझोटे और खपरैलों वाले ठंडे घर
कहाँ वैसी बिल्लियाँ
जो अपने शिकार के साथ करती थीं ठीक वैसा आचरण
जैसा आज भी कुछ कवि करते हैं शब्दों के साथ।

सरहद

एक जगह है जहाँ समाप्त होती है जगह
उस जगह के बारे में कोई नहीं सोचता
कोई नहीं सोचता समय की उस धार के बारे में
जिसकी चमक के आगे चौंधियाँ जाती हैं सूरज की आँखें
या वक़्त की वह निर्मम नोक
जिस पर अखण्ड साम्राज्य है 'नहीं कुछ' का

पेड़ तक पंजों पर खड़े हो जाते हैं
हवा का रंग पीला पड़ जाता है
और 'अन्त' शब्द की धमनियों से फूटे
खून के फव्वारों के बीच हमारे चेहरे बदल जाते हैं

जगह, समय और अनुभवों की इस सरहद पर
नज़र रखना उतना ही मुश्किल है
जितना यह जानना कि किस पत्ती के टूटने के साथ
हमारे जीवन से विदा ले चुका होता है प्रेम
और किस कोंपल के फूटते ही
हमारे भीतर धँसने लगती है मृत्यु।

रक्तपात

चाकू मेरा नहीं है
सेब
भी मेरा नहीं है
रक्तपात
मेरा है

मैं सेब को काटता हूँ
इसी चाकू से
आईने के भीतर

दो शब्दों के बीच की जगह में
रक्तिम सूर्योदय हो रहा है

दो सूर्योदयों के बीच
घायल शब्दों की
रक्तरंजित नदी बह रही है

पत्थर धड़क रहे हैं
    और
        मैं
            एक अदृश्य नाव में
                बैठा हूँ
                गुपचुप।

समाधि

पत्थर सुड़प रहे थे पानी
और धूप चाट रही थी उफनाते झाग को
हम पड़े रहते रेत पर
चुपचाप देखते सूरज और आकाश
यह तो तुम्हारी नाभि के पास
तमतमाते बिच्छू के कारण हुआ
जो हम उठे लपटों की तरह
और समा गए गहरे समुद्र में।

शस्त्रागार

रक्त प्रस्तर का दरवाज़ा
और झपट्टा मारती एक के बाद दूसरी छाया
गिलहरी की छाया चीते की छाया
ओरांग उटाँग की छाया में दुबक जाती तितलियों के झुंड की छाया
खिलते फूल की छाया की आँख में फिसल जाती आग की छाया
चाकू की छाया से टकरा कर गुज़रती नवजात शिशु के रुदन की छाया
एकाएक सूख जाती नदी की छाया
दो चट्टानों की छाया में अटक जाती नाव की छाया
एक स्त्री की छाया मेरी छाया को दिखलाती अमलतास की छाया
इसी छाया में हमारी छायाएँ ढूँढ़तीं प्रेम की, पाप की, अँधेरे की छाया

स्मृतियों की छायाओं के अटाटूट से बिंध जाता समय
आँसू और हँसी की छाया को टटोलती होंठ की छाया

टूटती-झपटती-बिखरती-गुत्थमगुत्था छायाओं का हाहाकार
फिर भी अविचलित-उदासीन छाया-विहीन रक्त प्रसार-दरवाज़ा
जिसके भीतर ही तो शस्त्रागार
जिसमें कवच-विहीन बैठी होगी मृत्यु
पढ़ते हुए मेरी ही कोई प्रेम-कविता।

वह आजाद थी सुबकने के लिए

वह रात देर से लौटा नशे में धुत्त
लगभग लड़खड़ाता हुआ
और प्यार से बोलने लगा
शब्दों को ढूँढ़ते-टटोलते-जोड़ते हुए
नींद से लदी और दुःख से जगी उसकी पत्नी ने
उसके लहजे के अनुपात से कूत ली उसके नशे की डिग्री।

वह ऊँची सीढ़ी पर था
और देखकर इस तरह पत्थर अपनी औरत को
काफ़ूर हो गया उसका प्रेम
नशा वैसा ही रहा थिगा हुआ
आकाश में ऊँचे ठिठकी पतंग की तरह
केवल बर्फ़ के टुकड़े की तरह पिघल गया उसका धैर्य।

औरत रोने लगी पुटपुटाते हुए
उसे शर्म थी पड़ोस और सोये हुए बच्चे की
अपनी खुद की शर्म थी औरत और बीवी होने की
पर वह मर्द था मूँछों वाला कमाऊ
और मतकमाऊ थी उसकी औरत
तिस पर वह था कलाकार
दकियानूसी के खिलाफ स्वतंत्र ख़्यालों के लिए
जद्दोजहद् करने वाला
इसलिए वह दहाड़ा
एक नैतिक दहाड़

जिससे चकनाचूर हो गया शीशे का गिलास
और झन्नाई पीतल की एक तश्तरी
एक क्षण के लिए देखा औरत ने अपने को
स्याह पानी में डूबती हिचकोले खाती नाव की तरह
और तुरत ही भाँप ली स्थिति, सँभाल ली चतुराई की पतवार
वह हँसते–खाना परोसते बोली–
मैं तो परीक्षा ले रही थी, तुम्हारी
कितनी गिटकी है आज
लगता है पेग पाँच से कम ही चढ़ाए हैं।

मर्द हँसा, उसकी पीठ पर हाथ फेरते हुए
दिग्विजयी-सम्राट सी हँसी–
तुम रही गावदी की गावदी
कमज़ोर अन्दाज़, गलत गणित तुम्हारा
बस दुगुने से थोड़ा-सा कम, उससे जो तुमने बताया

वह भी हँसने लगी कहते हुए–
ठीक है, आज चूक हुई, कल सही बैठेगा अन्दाज़ मेरा
और वह रोटी लाने चौके में चली गई
'तवे-सी किस्मत अपनी' बुदबुदाते हिचकियों को
रोकती रही
पर आँसुओं पर लगाम नहीं लगा पाई वह
वैसे ही रोटी लेकर पहुँची
तो उसकी किस्मत से
दहाड़ता हुआ मर्द, मूँछोंवाला सो चुका था वैसे ही
जूठे हाथ-मुँह, जूते-मोजे समेत।

अब वह आजाद थी सुबकने के लिए
उसके खर्राटों का निनाद
और नींद का अँधेरा मददगार था
और इसी आजादी के साथ
वह उसके जूतों के तस्मे खोलने लगी।

शब्द का छिलका उतारकर

सूखता जा रहा है जख़्म
और प्रवासी परिन्दे वापिस जा रहे हैं
एक मौसम खत्म हो गया
अब धुएँ से प्रकट हो रहा है आसमान

जख़्म था तो सपने थे
रात जलती थी आग की तरह
जिसमें चमकती थी एक दूसरी ही दुनिया
जिसके किस्से रहते थे जुबान पर
जागते ही सुनाने को
पानी पीते पत्थर की तरह

जख़्म का ठीक होना
तोते के उड़ जाने की तरह है
अब किस बहाने आयेंगे
सहानुभूति जताने वाले
मुझे सहानुभूति है उनसे
जिनको किसी को खड़ा देखना अच्छा नहीं लगता

जख़्म की स्मृतियाँ कभी नहीं मिटतीं
सुरक्षित रहेंगी शब्दों में उसकी छबियाँ
पर जख़्म की पुनर्प्रस्तुति भी सम्भव नहीं है
जो नहीं देख पाए अब कभी नहीं देख पाएँगे
बर्फ़ के चन्द्रमा की तरह आग में हँसती हुई आत्मा

पर एक़ अनुपस्थित ने जरूर देखा होगा
किसी एक उड़ती हुई तितली में
या देख लेगी किसी भी क्षण
शब्द का छिलका उतार कर
भीतर दुबका हुआ मोरपंख।

अनन्त होती हैं रात की इच्छाएँ

मैं तुमसे बातें करता हूँ गहरी नींद में
और दुनिया आड़े नहीं आती

आज़ाद नीली हवाओं के इस इलाके में
मैं मोहताज नहीं प्रतीकों का

तुम जानती हो तुमसे बोलना
और सुनना तुम्हारे मुँह से निकलते
दिपदिपाते जुगनुओं को मुझे अच्छा लगता है

नींद अलादीन का चिराग है मेरे लिए
और तुम जैसा मैं चाहता हूँ
उसी तरह होती हो मेरे सामने

अनन्त होती हैं रात की इच्छाएँ
और सपने दूरी को बरदाश्त नहीं करते।

नहाते हुए रोती हुई औरत

नदी में डबडब आँखों से कमल के फूल
या बरसात में फूटती चिनगारियों सी
नहाते हुए रोती हुई औरत

किस चीज़ के लिए रो रही है औरत
और क्यों चुना उसने नहाने का वक़्त
उसका पति दाढ़ी बना रहा है
और बच्चे आपस में झगड़ रहे हैं
खाने की किसी चीज़ को लेकर
और दूर आम के झुरमुट में एक कोयल
कूकती जा रही है लगातार
उसके स्वरों के परदों पर
रात का अँधेरा नहीं सुबह का शान्त उजाला है

दुःख हथेली पर रखकर दिखाने वाली नहीं है यह औरत
रो रही है बे-आवाज पत्थर और पत्तियों की तरह
वह जानती है पानी बहा ले जाएगा
आँसुओं और सिसकियों को चुपचाप
शिनाख्त नहीं कर पाएगा कोई भी
वह तक नहीं जो कल्पना में देख सकता होगा
बारिश में टपकती ओस की भी बूँद

उसके रोने की जड़ें उसी जगह होंगी
जहाँ से फूटती है कविता की पहली कोंपल

फिर भी मैं बता नहीं सकता
उसके रोने का रहस्य
हालाँकि जानते हैं सब
मामूली वजहों से अकेले में
कभी नहीं रोती कोई औरत।

और अन्त में

दिखाई दे रही हैं कई-कई चीज़ें
देख रहा हूँ बेशुमार चीज़ों के बीच एक चाकू
अदृश्य हो गई अकस्मात तमाम चीज़ें
दिखाई पड़ रहा सिर्फ चमकता चाकू
देखते के देखते गायब हो गया वह भी
रह ग़ई आँखों में सिर्फ़ उसकी आत्मीय चमक
और अब अँधेरे में वह भी नहीं
और यह कैसा चमत्कार
कि अदृश्य हो गया अँधेरा तक
सिर्फ़ आँखें हैं कुछ नहीं देखती हुई

और अन्त में
कुछ नहीं देखना भी नहीं बचा
बेशुंमार चीज़ों से कुछ नहीं तक को
देखने वाली आँखें भी नहीं बचीं।

कुछ नहीं सिर्फ़ प्रेम

संत कवि ज्ञानेश्वर के 'अमृतानुभाव' के स्मरण सहित जिनकी छाया दो अंशों में है।

एक

कितनी छोटी पड़ जाती दुनिया
जब हम होते एक
हमें ढूँढ़नी पड़ती जगह
और समुद्र तक पुरता नहीं
आकाश से बाहर निकल जाते हम
यह कैसा जादू
इसे ही कहते क्या प्रेम की मुक्ति
अथवा समय के पास चमकता
हमारे बीच रात का सूरज

दो

घर हो या बाहर
सिर्फ़ हम दोनों ही तो
और उस वक़्त भी जब मैं
सो जाता हूँ अमृत होकर
तुम एकटक देखती रहती हो जागती
क्योंकि तुम ही तो मालकिन
तुम्हारा ही पसारा
        मेरा घर-संसार
एक हल्की झपकी भी तुम्हारी
        बुझा देगी मेरे दिन-रात

तीन

क़भी कभी कितने एक
कितने एक
हम
कि गर्भ-गृह के बाहर भी
कभी दो नहीं
इतने पास
इतने
कि दिपदिपाते असंख्य आईनों के बीच भी
नहीं देख सकते एक दूसरे को
कितने बसंत आये गये
निदाध
बारिश बेमाप
फिर भी अतृप्त हमारी इच्छा
यद्यपि मृत्यु हमारी मित्र
फिर भी भय सदा
कहीं हम दो तो नहीं

चार

तुम्हारे एक स्तन से आकाश
दूसरे से समुद्र
आँखों से रोशनी
तुम्हारी वेणी से बहता
बसंत का
प्रपात
जीवन तुम्हारी धड़कनों से
मैं जुगनू
चमकता
तुम्हारी अँधेरी
नाभि के पास

पाँच

जब मेरे खून के भीतर तैरता सपना
झाँकने लगता तुम्हारी आँखों से
उसी वक़्त मुझे सुनाई पड़ने लगती
तुम्हारे खून की नदी में पंख मारते हंसों की फड़फड़ाहट

हंसध्वनि की लय पर
ठिठक जाता महाकाल
दो जलपाखी गोता लगाते गहरे
और प्रेम की हथेली पर
मोती के एक नन्हे बच्चे सा
चमकने लगता समुद्र

छः

अँधेरा प्रगाढ़ और बंद आँखें
पर मैं देख रहा हूँ तुमको
बसंत की धूप में फरवरी के समुद्र तट पर नहाते

नींद गहरी और सपना भरपूर
फिर भी सुबह पक्का यकीन
मैं मिलकर आया तुमसे
गंध तुम्हारी मेरे भीतर
मुझ पर निशान तुमसे मिलने के

अस्तित्वहीन अँधेरा
हमेशा खुली आँखें
नींद में सतत जागना
छिन्न-भिन्न सपनों का इंद्रजाल

सब कुछ सम्भव
यदि हासिल कर लें हम महारत
देह से बाहर निकलने में

सात

कौन किसका आखेट
इच्छाएँ नोंचती इच्छाओं को परस्पर
या हम ही एक दूसरे का आहार

काल का जख़्म सूरज
और दो छायाएँ
सुलगते जख़्म के नीचे
जन्म, जीवन, मृत्यु का त्यौहार

या दिन-रात की तरह हम दोनों
बनते रहते मरहम-पट्टी
फिर भी दहकता रहता शाश्वत
प्रेम का घाव

आठ

लपटें लपकतीं फूल पर
शहद के छत्ते पर झपट्टा मारते मौत के घोड़े

एक दिन एक जब नहीं होकर बह जायेगा समुद्र का झाग
तो बिखर जायेगा एकपन हमारा

फिर बचेगा जो आधा नहीं
एक अकेला रह जायेगा

कभी आधा कभी एक
बचेगा ऐसा जो करेगा क्या

आकाश में आधा मिलूँगा मैं
आधा समुद्र के झाग में
फिर भी रहूँगा तुममें
कभी एक में शामिल आधा
कभी आधे में शामिल एक
शून्य को बजाता हुआ

नौ

जो नहीं है सामने
उसको और कितना ढूँढ़ रहीं तुम

और मैं भी तो सहेज रहा
अपने भीतर
छू तक नहीं सकता जिसको

अग्नि-पिंड हो जाये हवा
उसके पहले का उपाय

तुम यह किनारा
मैं वह किनारा

बीच में बहता रहे अनवरत
प्रेम के समय का जल

दस

कुछ नहीं सिर्फ़ प्रेम

चुपचाप निर्वसन नहाते हुए भी
तुम अश्लीलता के अँधेरे को
तहस-नहस करती तलवार

पेड़ तुममें रोशनी का
तुम्हारे भीतर से उड़कर
आसमान पाट देते असंख्य परिंदे

तुम मेरी आधी रात का सूर्योदय
तुमसे मैं आग
फफोले उमचाता शब्द

मुझसे तुम आँख
जिससे हम देखते सपने।

बेटी के घर से लौटना

बहुत जरूरी है पहुँचना
सामान बाँधते बमुश्किल कहते पिता
बेटी जिद करती
एक दिन और रुक जाओ न पापा
एक दिन

पिता के वजूद को
जैसे आसमान में चाटती
कोई सूखी खुरदरी जुबान
बाहर हँसते हुए कहते—कितने दिन तो हुए
सोचते कब तक चलेगा यह सब कुछ
सदियों से बेटियाँ रोकती होंगी पिता को
एक दिन और
और एक दिन डूब जाता होगा पिता का जहाज़

वापस लौटते में
बादल बेटी के कहे के घुमड़ते
होती बारिश आँखों से टकराती नमी
भीतर कंठ रूँध जाता थके कबूतर का

सोचता पिता सर्दी और नम हवा से बचते
दुनिया में सबसे कठिन है शायद
बेटी के घर से लौटना।

सत्तार

मेरी पत्नी कितना काम करती है
और छींकते रहने के बावजूद
कुछ न कुछ करती ही जाती है

सत्तार भी चकित है

ईश्वर तुमने घर कामों की फ़ेहरिश्त इतनी अंतहीन क्यों
बनने दी अटूट सिलसिला खत्म कुछ होता ही नहीं
क्या तुम औरतों से दुश्मनी तो नहीं निकाल रहे थे उस वक़्त
जब तुमने घर जैसी चीज़ का आविष्कार किया

आज सरकारी मकान में
जिसमें हम रहते हैं पिछले तीन वर्षों से
फुकट में पुताई करने वाले आए
और हम लालच में फँस गए
सारा दिन चीज़ों को इधर-उधर करने में खट गया
सत्तार ने पोतते-पोतते पूछा
आपके नौकर कहाँ हैं,
हँसकर मैंने जवाब दिया—
विदेश गए हैं छुट्टियाँ बिताने
वह गाँव का था और सच समझ बैठा
हम मियाँ-बीवी पहले तो हँसे बहुत
फिर दुःखी हुए अपने झूठ के कारण

देर रात तक हम घर जमाते रहे
सरोता नहीं मिला टी.वी. पर राष्ट्रीय कार्यक्रम आने तक
शक गया सत्तार पर
फिर एकाएक हाथ आ गया सरोता फिसलकर गिरा
अखबार के भीतर से चमत्कार की तरह

हम खुश हुए और शर्मिन्दा भी
सत्तार का क़द वैसा ही रहा चमकते घर जैसा
हम अलबत्ता बौने हो गए थे थोड़ी देर को
फिर अपने जैसे हो गये पान खाते-खाते
और थकान भी उतर गई !

सात रविवार

जागते ही वह बुदबुदाता है—रविवार
बिना धुले कपड़ों के पुलिन्दे में ढूँढ़ता है कुछ निराश
और बिस्तर की चादर को बदल ही देने का निश्चय करता है
पाता है घर की तमाम चीज़ों को जगह पर आततायी
अतिक्रमण करती अनावश्यक आक्रामक
घबराकर पढ़ने के कमरे में आ सहज होता है किताबों से
शीर्षकों से, मृत लेखकों से बातें करते हुए
जवाब देता है—रविवार है, गोया काफ्का ने पूछा हो कौन सा दिन आज
पास की किताबों से हँसी फूटती है और 'मगध' से कहते हैं श्रीकांत
चन्द्रकांत सातों दिनों को सूर्य का स्वामी बनाकर
कहीं तुम हथियाना तो नहीं चाहते सूर्य का कोई घोड़ा
उसे बेहद आत्मीय लगी पानी के संगीत जैसी
अपने इस बिछड़े अग्रज की आवाज
वह खुश-खुश पत्थर पर सिर टिका सो जाता है समुद्र पर
फिर एकाएक चौंक कहीं भींज तो नहीं गईं चिट्ठियाँ—तस्वीरें
बिस्तर का कोना उठाकर देखता है अपनी जगह सब कुछ सही सलामत
फिर एक तस्वीर उठा बुझा देता है बत्ती बंद आँखों से देखते हुए
कहता है खुद से—रविवार का मज़ा कुछ और ही है
शब्द के चाकू को जरूर चखाऊँगा किसी छिपे रहस्य के खून का स्वाद
फिर वह तकिए के नीचे से निकालता है सूरज के सफ़ेद घोड़े की नाल
जिसके सातों छेदों के भीतर झाँक देखता है
एक अकेले आदमी की खिदमत में तैनात सात रविवार।

गोया मैं मौत से डरता हूँ

बाज़ार से सब्ज़ी खरीदकर लौटता हूँ
और बीच के कमरे में फर्श पर बैठकर
सूप और थाली में निकालता हूँ, एक के बाद एक सब्जियाँ
ये टमाटर कितने ताजे हैं
प्याज यकसां, बथुआ कितना प्यारा हरा-कच्च और मुलायम हैं मटर
और तभी याद आ जाता है
गोबरपुता अपने बचपन के घर का बीच वाला कमरा
जहाँ हर रोज़ पिता इसी तरह सजाते थे
चुनकर लायी सब्जियों की नुमाइश

ऐसे ही खाते वक़्त
जब जमीन पर बैठकर खाना होता है
पड़ा रहता है घुटने पर सीधा खुला मेरा बायाँ हाथ
और पिता की इस स्थायी मुद्रा में पा अपने को
चौंक जाता हूँ मैं
हर बार लगता है जैसे पिता मेरे साथ हैं

अब तो कोई नहीं है न पिता, न माँ, न मौसी
सिर्फ़ तस्वीरें हैं
इतनी पुरानी जो फ्रेम से बाहर नहीं आ सकतीं
तस्वीरों में मँडराती छायाएँ
क्या मुझे बुलाती हैं
फ्रेम के भीतर पहुँचने के बाद बाहर नहीं बचेगी मेरी परछाईं
मैं पसीना पोंछकर पानी घुटकता हूँ

और ऐसे समय में उठा लेता हूँ ग़ालिब का दीवान
या कभी खुरपी लेकर अपने छोटे से बगीचे की
देखभाल में जुट जाता हूँ
ग़ालिब, ये शेर और फूल पत्तियाँ
कुछ इस तरह सहानुभूति से मुस्कराते हैं
गोया मैं मौत से डरता हूँ।

यमराज की दिशा

माँ की ईश्वर से मुलाकात हुई या नहीं
कहना मुश्किल है
पर वह जताती थी जैसे
ईश्वर से उसकी बातचीत होती रहती है
और उससे प्राप्त सलाहों के अनुसार
जिन्दगी जीने और दुःख बरदाश्त करने के
रास्ते खोज लेती है

माँ ने एक बार मुझसे कहा था—
दक्षिण की तरफ पैर करके मत सोना
वह मृत्यु की दिशा है
और यमराज को क्रुद्ध करना
बुद्धिमानी की बात नहीं

तब मैं छोटा था
और मैंने यमराज के घर का पता पूछा था
उसने बताया था—
तुम जहाँ भी हो वहाँ से हमेशा दूर दक्षिण में

माँ की समझाइश के बाद
दक्षिण दिशा में पैर करके मैं कभी नहीं सोया
और इससे इतना फायदा जरूर हुआ
दक्षिण दिशा पहचानने में
मुझे कभी मुश्किल का सामना नहीं करना पड़ा

मैं दक्षिण में दूर दूर तक गया
और मुझे हमेशा माँ याद आई
दक्षिण को लाँघ लेना सम्भव नहीं था
होता छोर तक पहुँच पाना
तो यमराज का घर देख लेता

पर आज जिधर भी पैर करके सोओ
वही दक्षिण दिशा हो जाती है
सभी दिशाओं में यमराज के आलीशान महल हैं
और वे सभी में एक साथ
अपनी दहकती आँखों सहित विराजते हैं

माँ अब नहीं है
और यमराज की दिशा भी वह नहीं रही
जो माँ जानती थी।

अपने लोग किस तरह मारते हैं

दुश्मन बेरहमी से मारते हैं
और अपने लोग जल्लाद नहीं हो सकते
जल्लाद न दुश्मन होता है न दोस्त
वह तटस्थ होकर केवल अपने काम को अंजाम देता है
जैसे लकड़हारा या बढ़ई
दरख़्त या लकड़ी के साथ सलूक करते हैं उसी तरह
बल्कि कुछ कुछ पुरोहित के कर्मकाण्ड-सा
जल्लाद एक झटके में नारियल फोड़ देता है

दुश्मन नफ़रत और प्रतिशोध की आग में अपना
बहुत कुछ कीमती बर्बाद कर चुकने के बाद
छिपता-बचता-मौका ढूँढ़ता अतीत के अँधेरे में
एकाएक अपने सर्द हाथों से मौत का दरवाजा खोल देता है
और चीख कौवों की तरह आकाश में मँडराती है कुछ देर
और फिर सब कुछ तहकीकात के लिए बच जाता है

अपने लोग किस तरह मारते हैं
यह सबसे खतरनाक सवाल है
और इसका जवाब
अपनों के हाथों मरकर भी नहीं दिया जा सकता।

चिन्ता प्रकट करने वाले

ज़रूर दयालु और परोपकारी होते होंगे
चिन्ता प्रकट करने वाले
तभी तो समुद्र में नहाते
वे पहाड़ों के बारे में परेशान हो जाते
पहाड़ों पर सैर करते
वे मैदानों में कटते दरख्तों के लिए आँसू बहाते

भव्य सभागृहों में
भूखों, गरीबों, बेघरों के बारे में
उनके चिन्तित चेहरे
जो टी.वी. पर भगवान भी देख ले
तो फुटपाथ पर सो जाए
उनकी चिन्ता का विषय बनने के वास्ते

बेचारे हर चीज़ के बारे में
कहीं भी कुछ भी हो जाए
कितनी चिन्ता प्रकट करते हैं
बयान देते-छपवाते हैं
फिर भी गनीमत
हृष्ट-पुष्ट हैं चिन्ता का पहाड़ ढोने वाले

ईश्वर इन पर कृपालु हो
ये हम पर दयालु हों
इनकी दिन दूनी रात चौगुनी तरक्की हो

ये राष्ट्रव्यापी चिन्ता प्रकट करें
बेघरों के लिए गहरी नींद में सेज पर
हवाई जहाज़ की घर्राहट के बीच आकाश में गरीबों के लिए
और भूखों के लिए खाने की मेज़ पर
शाश्वत चिन्ता प्रकट करें

हम नश्वर हैं नहीं रहेंगे
पर इनको दिक्कत नहीं होगी
अमर रहेंगे विषय
चिन्ता प्रकट करने के लिए।

सहानुभूति जताने वाले

अपने ही लोग होते हैं सहानुभूति जताने वाले
दबे पाँव कमरे में आते हैं
जख़्म ठीक हुआ—पूछते हैं
कैसे क्या कर डाला—हँसते हैं

और फिर बताने लगते हैं
अपने रोजमर्रा के जख़्मों का पुराण
थोड़ा शहर की वारदातों का खुलासा
और इस सबके बीच
कहीं की कहीं धरी रह जाती है मेरी मिज़ाजपुर्सी
और जब वे उस जगह की रामायण शुरू करते हैं
जहाँ मैं भी पढ़ाने की नौकरी करता हूँ
तो मैं उकताकर पूछता हूँ—चाय तो चलेगी
वे गर्मी का बहाना करते हैं
और फिर झक मारकर शरबत बनवाना ही पड़ता है

जाते वक़्त वे कुछ इस तरह मेरा हाथ दबाते हैं
जैसे मेरा जख़्म कब्र में बदलने वाला हो
और वे इसके सख्त खिलाफ़ हैं
मैं भी मुस्कराकर कहता हूँ
अपना ध्यान रखना सब ठीक हो जाएगा

कोई कोई जाते वक़्त इस तरह मुस्करा जाता है
जिसका अर्थ ढूँढ़ पाना
मुश्किल हो जाता है नींद आने तक।

घोड़ों पर शोक प्रस्ताव

वीरान अस्तबल में झाँकते डर लगता है
सूखी घास को मथ रही है यहाँ जौ और चने की गंध

मकड़ी के जालों, छिपकलियों और चूहों की
विशिष्ट मौजूदगी में लटकी हुई हैं दस रिकाबें
पता नहीं किन घोड़ों की
कौन सवार होता होगा उन पर

अब तो लोहे ने चाट लिया है घोड़ों का वजूद
अश्वशक्ति को हजम कर रही है भाप

अरब, तुर्क, मिश्र और आर्यावर्त के प्राक्तन घोड़ो
यातायात के चक्रव्यूह में पराजित हाँफ रही है तुम्हारी प्रजाति

किस तरह होता होगा अश्वमेध
अग्निकुण्ड में जब टपकती होगी तुम्हारी वसा
कैसी आह्लाददायी चिरायंध का अनुभव होता होगा
होमकर्त्ताओं को
नल जैसे अश्वविद्याविद् के रहते
किस तरह नर मुख में शुभ सिद्धि करता होगा तुम्हारा मांस

अब तो कथाओं में भी नहीं पक्षीराज अश्व
कटे पंखों की कोई शिनाख्त नहीं
काल की गुहा में नहीं से हो गए हैं

इन्द्र, उषस् और सविता के घोड़े
अग्नि के रोहित का पता नहीं कहाँ होगा जीवाश्म

अश्वजातीय मनुष्यों और उनकी दुनिया से निराश
घोड़ों का रुख बदल चुका है
काठवत्, मिथ्यावादी और दरिद्र हो चुका है लोगों का अन्तःकरण

हलके कान, बड़ी आँखें, चमकती अयाल नहीं हैं
परछाईं की तरह पीठ हिल रही है हवा में
दुल्की, टाप, कदम सपने में और
शोक प्रस्ताव बचे खुचे घोड़ों की हिनहिनाहट।

हिंसक समय में

मैं जी रहा हूँ मौत की खबरों के भीतर
चल रहा हूँ हत्यारे हिंसक समय में
फिर मरने का अफसोस क्यों होगा मुझे

मुझे याद है दिया-बत्ती के वक़्त
माँ के साथ प्रार्थना के लिए खड़ा हो जाता था
अब उसी वक़्त घरों में भून दिया जाता है
औरतों और बच्चों को

दहशत पक्षियों के पंखों पर
बच्चों की आँखों
माँओं के दूध तक में दहशत
समय की हड्डियों में
दिन डूबने की सुबह होने की
खुशियों का खून जम गया है

और इसे भी पूजा कहा जा रहा है
यह युद्ध से भी बदतर युद्ध है
और करोड़ों आँखें इस सबको
सिर्फ़ खबरों की तरह पढ़ने को अभिशप्त हैं।

भले लोग रात की छाती में सिर छिपा रहे

बाहर बारिश हो रही
भीतर हिमपात

हिनहिना रहे घोड़ों की तरह हुमसते हमलावर
तापते अलाव के पास

कुत्ते गुर्रा रहे
और अलंकृत वाणी में छप रही उनकी गुर्राहट

अपराधियों के लिए बेहद माकूल रही
दिन की रोशनी
भले लोग रात की छाती में सिर छिपा रहे

मैं जुगनुओं की चमकती दुनिया में
ढूँढ़ रहा था सांत्वना
उसे भी तहस-नहस करने आ गए
शांति संगठम के साण्ड।

एक मरते हुए को खत

तुम्हारे बेटे तुम्हें भूल चुके हैं जीते जी
अपनी बेटी के माथे पर जरूर फड़फड़ाओगे पंखों की तरह

तुम्हारी पत्नी ने बरदाश्त किया तुम्हें चालीस बरसों तक
वह राहत की साँस लेगी
शिकायतों का पुलिन्दा कुएँ में फेंककर

तुम्हारे दोस्तों के दिल में मँडरा रहीं हैं
दहशत की छायाएँ
तुम्हारी कारगुज़ारियों का ज़िक्र करेंगे कुछ दिन
फिर इन्तज़ार तुम्हारे पास आने का

जगहें सिमटती जा रही हैं
तुम्हारी चीज़ें—ऐनक, कलम, दावात, किताबें
इन्हें धूल और दीमक चाटेगी कुछ दिनों तक
फिर तुम्हारा होना नहीं सा हो जाएगा एक दिन

खुदगर्ज़ दुनिया को इस तरह छोड़कर जाओ
जैसे अंधा अँधेरे रास्ते में
कन्दील फेंक कर जाता है

जिस हड़बड़ी में जिन्दा रहे
वैसे नहीं
इत्मीनान से मरो
न पृथ्वी का बोझ कम होगा
न हवा का भार बढ़ने वाला है।

हत्यारे कुछ नहीं बिगाड़ सकते

नाम मेरे लिए
पेड़ से एक टूटा पत्ता
हवा उसकी परवाह करे

मेरे भीतर गड़ी दूसरी ही चीजें
पृथ्वी की गंध और
पुरखों की अस्थियाँ उनकी आँखों समेत
मेरे मस्तिष्क में तैनात
संकेत नक्षत्रों के बताते जो
नहीं की जा सकती सपनों की हत्या

मैं नहीं जिन्दा
तोड़ने कुर्सियाँ
जोड़ने हिसाब
ईज़ाद करने करिश्मे शैतानों के

मैं हूँ उन असंख्य आँखों में
जो भूखी
एक फूल पौधे की तरह
जिन्दगी को पनपते देखने के लिए

हत्यारे कुछ नहीं बिगाड़ सकते
वे नहीं जानते ठिकाने
रहस्य सुन्दरता के छिपे
कहाँ-कहाँ !

पंत पेशवा शहर में आ रहा है

अपने अदृश्य अनगिन पैरों से
पेट पर लात मारने वाला
बस्ती में आ रहा है
उसके लिए स्वागत द्वार बनाने में जुट जाओ
लतियाए हुए लोगो
तुम्हारी उदारता दर्ज़ की जाएगी इतिहास में

अपने हुक्मनामों से लाखों को
उजाड़ने वाला पंत पेशवा
शहर में आ रहा है
उसके अभिनन्दन के लिए बगीचों को नंगा कर दो
धकियाए हुए लोगो
तुम्हारा आतिथ्य अमर हो जाएगा इतिहास में

जिसे सड़क से उठा सिंहासन पर बिठाया तुमने
और बदले में जिसने
दुःस्वप्नों के जंगली कुत्तों को छोड़ा तुम्हारी नींद में
वही दयालु प्रभु
आ रहा है फाँसीघर का शिलान्यास करने
जय दुन्दुभी बजाने में कोई कसर नहीं रहे
सताए हुए लोगो
तुम्हारी सहिष्णुता सदियों चर्चित रहेगी इतिहास में !

फायर ब्रिगेड

क्या यह एक शून्य एक है ? फायर बिग्रेड
आग लगने वाली है
आग लगाई जा रही है
एक्सचेंज !
फायर बिग्रेड से जरूरी बात होनी है
गड़बड़ क्यों हो रही है

हाँ ! फायर बिग्रेड !
अब तक आग लग चुकी है
क्या आवाज़ साफ़ नहीं आ रही
लपटों से आसमान पट गया है
डिस्टर्बेन्स किसी और चीज़ का नहीं
महोदय, यह आग का हड़कंप है
जल्दी कीजिए वक़्त रहते पहुँचना जरूरी है
लपटें खिड़कियों से बाहर आ रही हैं
चीखों और आर्तनाद को रौंदती हुई लपटें
पशुओं के जलने की गन्ध
किताबों और खिलौने राख हो चुके हैं

भगदड़ में रौंदी जा रही
झुलसी हुई स्त्रियाँ, बच्चे, बूढ़े
अब तक आग बम्बों की घंटी सुनाई नहीं दे रही

महोदय !
यह आग हर जगह लगी हुई है
दुकानों पर चीजों में आग लगी है
पेट के भीतर
मस्तिष्क में नसों को चटकाती
आग सपनों को चपेट में ले चुकी है
पानी में आग लगी है
हर महकमे में
हर खिड़की में जहाँ कुछ लेने पहुँचते हैं वहीं
हाथ झुलस जाते हैं

किसका इन्तज़ार है ?
जल्दी कीजिए महोदय
जब आग लोगों के भीतर भड़क जाएगी
तब तक आग बम्बों का पानी पेट्रोल
हो चुका होगा

महाशय !
मैं कोई मुखबिर नहीं हूँ
अभी मैं आपके द्वारा लगाई गई
आग के बारे में कह रहा हूँ

हम जब आग लगाने पर आमादा हो जायेंगे
तो फायर बिग्रेड को नहीं
पेट्रोल पम्पों को खबर देंगे।

अब कोई नहीं करेगा आपका स्वागत

अब आपका स्वागत कोई नहीं करेगा
सिर्फ़ किराए के टट्टू बनाएँगे स्वागत-द्वार
जय-जयकार करेंगे सिर्फ़ आपके अपने दलाल

आदमियत की सरहद लाँघकर
आप गए वहाँ तक
जहाँ सिर्फ़ भेड़िया बच रह सकता खुद भगवान
आपके ख्याल में थे जलते हुए घर
दम तोड़ते लोग
फिर भी आप झूठ पर झूठ बोलते गए
और दाँव पर लगा दिया आपने पुरखों का पुण्य
एक भी शिकन नहीं थी आपके चेहरे पर उस वक़्त
जब जलती हुई मशालों पर आप
आजमा रहे थे घासफूस के छप्पर
तबाही और मौत ने अपने ही आईने में
कर दिया है आपको बेनकाब और नंगा

अब कोई नहीं करेगा आपका स्वागत
आपकी प्रेतात्मा को आते रहेंगे, मिर्गी के दौरे
शायद ही आपको जूते सुँघाने की ज़हमत उठाएँ
मरे हुए लोग।

नागझिरी

एक

मैं नागझिरी क्यों आया था, क्या ढूँढ़ने
मैं उस गायब को छू नहीं सकता था
जो कभी सत्य था यहाँ सूरज की रोशनी में
मैं देख रहा हूँ
भूख और प्यास की गहरी छायाएँ
पर उनमें भी धँसा नहीं सकता अपने पंजे
मेहमानों जैसी फूस की छतें
घायल कबूतरों की गरदनों जैसे लटक रहे
बौने घरों के दरवाज़े
हिचकी ले रही है एक बूढ़ी औरत
और खटाखट दचीक रही है हैंडपंप का हत्था
जो बिगड़ा हुआ है
पता नहीं उसे याद कर रहा है कौन-सा समुद्र
अभी तो नहीं टपक रही टोंटी से, पानी की एक भी बूँद

दो

इसी नागझिरी ने देखा होगा प्रलय
तीन हजार साल पहले
और तब पहाड़ियाँ बन गई होंगी द्वीप
अब अदृश्य हैं भूगर्भ में झुर्रियाँ
पसरा है थका हुआ और आतंकित भूखण्ड
बस हैं टीले बिन कहानियों के

जिनके नीचे बन गये ओटले
एक ओटले पर पत्थर ही पत्थर
जितने पत्थर उतने ही सिंदूर पुते देवता
कुत्ते सोये हैं जिनकी बगल में
गोचड़ी चूसती है खून तो फड़फड़ाते हैं पूँछ
कभी काटने लपकते खुद की ही देह
सिंदूरपुते देवता कुछ नहीं करते, देखते रहते हैं
और छोटे बच्चे धूल-मिट्टी डालते हैं
पोस्ट बाक्स के सुराख में
जो ठूँठ की छाती पर
किसी देवता की ही तरह लटका रहता है

तीन

नंग-धड़ंग बच्चे दौड़ते हुए खेल रहे हैं जहाँ
वहीं सघन झाड़ियाँ थीं एक दिन
औरतें जिस कुएँ से उलीच रही हैं पानी
वहीं कहीं होगी क्या नागझिरी
कमर तक घास में से उठते सुनहरे सर्प-युग्म-मिथुन को
देखा होगा जिनने उनमें से कोई नहीं बचा है
सावन-भादों की दुपहर में हवा और पानी को परस्पर मथते देख
कैसे काँटे उमचते होंगे उनकी देहों पर
अब कौन बताए
अभी तो पत्थर के साँप को
गेंदे के फूलों से ढकती गुमसुम लगती हैं बच्चियाँ
और औरतें चमकाती पीतल के घड़ों को
फुसफुसाती हैं आपस में पाप की बातें
मेरी आँखें प्रवेश करती हैं
हवाओं के प्राचीन दालानों से गुजरते हुए
जलाशयों के गुप्त मंत्रणा प्रकोष्ठों में

जहाँ पिघलता हुआ दिखाई पड़ता है लंबा
और पंच धातु का शिरस्त्राण आग में कपूर-सा जलने लगता है

चार

कुत्ते भौंकते हैं सारी रात अब यहाँ
और शोहदे दारू की खाली बोतलें जाते वक़्त फोड़ देते हैं
मैं ढूँढ़ता हूँ अपनी आत्मा का आदिम टुकड़ा
जो टूटकर बिखर गया है काँसे की झंकार में
जला हुआ अन्न धरती की कोख में गंधाता है
और काँसे का बजता हुआ वह घंटा
पता नहीं कितनी नदियों की गहराई में समाकर सुन्न पड़ गया है
सुन्न पड़ गई है नागझिरी भी
उजाड़ अपने वैभव से
गढ़े हुए पत्थरों के भीतर ही शेष हो शायद
सर्प गंध और संझा का संगीत
बाहर तो ठंडी हवाओं के झोंके
गिनती के बचे महुवे के पेड़ों को गुनगुना देते हैं
जो खड़े हैं देशी शराब की दुकान के ठीक पीछे

पाँच

मैं अकेला कोई नहीं साथ यहाँ
जहाँ आदमी रहते हैं, घर नहीं रहता
वहाँ नहीं, अभी रिश्ता वैसा जेब और बाजार का
न अदृश्य सीढ़ियाँ वे तरक्की की
जिनने खोखला कर दिया है तंत्र, लोक का
यहाँ नहीं, आसपास के मशीन घरों में आते हैं
सैकड़ों दाड़की की जुगाड़ में
दिया-बत्ती के बखत जो पस्त लौटते हैं

उन्हीं के लिए अल-सुबह से
'चलो नागझिरी, नागझिरी चलो'
टैम्पो वाले आवाज़ लगाते हैं
पाइप फैक्टरी, पंचायती प्रेस के कर्मचारी
गोदामों के चौकीदार उचककर चढ़ते हैं
'चलो नागझिरी पचास पैसे में'
फ्रीगंज की सड़कों को रौंदते
दहशत में कँपाते टैम्पो दौड़ते जाते हैं

छः

ठाकुर भारत सिंह की चाय की मढ़िया
अब पक्की बन जायेगी
नागझिरी में खुलने वाला है पहला बीयर बार
टूटी संदूकची और चिकनी बैंचों के सहारे
खूब चले 'बजरंग टी हाउस' और 'कैलाश पान भंडार'
मक्खियों के हमले से बच बच मीठी गाढ़ी चाय के घूँट
और कचोरी चबाते हँसते-बतियाते थे खुश ग्राहक जहाँ
वहीं एक दिन अब बेयरे झुक झुक के सलाम ठोंकेंगे
टिप पायेंगे और फटी की फटी रह जाएँगी गाँव की आँखें
फिर गुज़र गई गुजरान, क्या झोंपड़ी क्या मैदान
इससे आगे नागझिरी, तुम्हारा ढूँढ़ा जायेगा नया नाम
किसी भी स्थानीय गाँधी या नेहरू के नाम को पकड़कर
ठोंक देंगे तुम्हारी छाती पर नये नामकरण का पत्थर
पुराने लोग कहते हैं दूसरी ही कथा
सुनहरे साँपों की छोटी-सी दुनिया थी नागझिरी
लम्बी चमकती मूँछों वाले
काली मिट्टी पर सोने की लहरें दौड़ने वाले नागों का लोक
जो बन गया है अभिशप्त एक खेड़ा
अब वर्तमान के परे देखने को मजबूर है समृद्धि का सपना

कहते हैं ईश्वर स्वर्ग में रहते हैं
पर कोई नहीं बताता स्वर्ग कहाँ ?

सात

जहर डसा जो भी आता था नागझिरी
नगाड़े बजते और नारियल फूटते
नीम के गुच्छों से होतीं फिर अमृत बौछारें
नाचते-उठते-गिरते-पटकनी खाते
कँपकँपी में दंतकड़ी बँध जाती थी
और फिर हँसती निरोग काया के साथ लौट जाता था जनसमूह
उचारता जय नाग महाराज ! जय नागझिरी !

आठ

नागझिरी के पटेल बा के घर आया है टी.वी.
और गाँव के लोग लुगाई और बच्चे सब
समा नहीं सकते बैठक में तो रोज शाम
नीम नीचे सजा दिया जाता है बक्सा
और सब चकित देखते हैं नागझिरी के बालवृन्द, लोग-लुगाई
बीसवीं सदी की दुनिया के करिश्मे
फोटुओं में ढूँढ़ते स्वर्ग भूल जाते हैं बैठे जहाँ
वह कभी थी नागवंश की जागीर एक
सुनहरे साँपों की चमकती दुनिया

नौ

क्षिप्रा और महाकाल के इलाके में सुनहरे नागों का लोक है
नागचंपा, महुवे के पेड़ों और नागफनी लदे
टीलों के बीच तो सोने के लालची

हथियारबंद दौड़े आये सोने की खोज में,
और हुआ वही जो होता है
सोने के लुटेरे जो करते हैं सोने की चिड़िया के साथ
नाग-बेलियों और भक्तों की कातर पुकारों के बावजूद
दफन हो गयी एक झटके में पवित्रता पानी की
नागमंत्रों का जादू सब मिट्टी हो गया
तहस-नहस संस्कृति सोने के दाने से गेहूँ की
यहाँ रह गये मिट्टी के टूटे बर्तन और हाँफते घर
मिला था जो एक ताम्रपत्र शोभा बढ़ाता है म्यूजियम की

दस

अब तो खड़ा होगा एशिया का सबसे बड़ा कारखाना सोयाबीन का
पानी के मोल की धरती बदल गई है टंच सोने के भाव में
आँखों में है सबके बस दस साल बाद का सपना
जब थियेटर और बड़ी-बड़ी होटलें होंगी
फिर शुरू होगा विस्मृत को और विस्मृत करने का सिलसिला
सेंध लग जायेगी किंवदंतियों के बचे-खुचे जखीरे में
तेजाजी का चबूतरा बच जाये कैसे भी भइया
बड़बड़ाती है बूढ़ी माँ और मैं सुनता हूँ किस्से
धरती हड़पने कुएँ के पास से
मोची-महारों को खदेड़े जाने के
तभी किसी अज्ञात पशु-शव की दुर्गंध से परेशान
सरपंच एक गाली देने लगता है
देशभक्तों और लोकसेवकों की खट्टी डकारों को
और कच्चे घरों के बीच तंग गलियों में
जीप एक भोंपू से फेंकती है संकट और उपाय
एक साथ जनतंत्र की रक्षा के
मैं आहिस्ता-आहिस्ता बढ़ता हूँ अपने पीले स्कूटर की तरफ
अधनंगे बच्चे दौड़ते हैं जीप के पीछे, उड़ती धूल में
गायब होने के लिए

ग्यारह

शहीद पार्क के पास
टैम्पो वाले शायद कुछ दिन बाद नहीं कहेंगे—
चलो नागझिरी ! चलो नागझिरी ! पचास पैसे में,
नागझिरी लेने आते थे
दुखी लोग सुनहरे साँपों की केंचुल के अंश
कुँवारी कन्याएँ बाँझ औरतें मिरगी दमे के शिकार लोग
रखेंगे सहेज कर पास अपने
होंगी मनोकामनाएँ पूरी सब, कहते हैं पुरखे

बारह

एस्को कम्पनी से अब बनकर निकलते हैं बड़े-बड़े पाइप
पंचायती प्रेस से छपती हैं ज्ञान की किताबें
अवंतिका हो चुका है कब से नेताओं, पत्रकारों, डॉक्टरों, अफ़सरों
प्रोफेसरों और तिकड़मबाज़ों का शहर उज्जैन
और नागझिरी, एक टूटे हुए साज की तरह
पड़ा है दूर अवंतिका की जाजम से
एक खंडित सपना
चकाचौंध वाले दूसरे विराट सपने के दरवाज़े को खटखटाता है

तेरह

सफ़ेद नाग है अभी भी एक, दूध के रंग का, बड़ी-बड़ी मूँछें
दिखता है जब-तब और फिर गायब हो जाता है
बूढ़े दादा कहते हैं दिखें जब सफेद नाग महाराज
बदन पर पहना कपड़ा उढ़ा दो उन पर
फिर उसे उठा पहनकर घर आ जाओ
पूरे होंगे सफल मनोरथ, पत्थर की लकीर यह
अभी भी कोई-कोई ढूँढ़ते फिरते हैं सफेद नाग महाराज

पर कहते हैं रणछोड़ ने फेंका था, कुरता
और पहन आया भी, पर उसी रात हुआ क़त्ल उसका
मामला था इश्क़-आशनाई जैसा कुछ

चौदह

ईंट के भट्टे धधक रहे हैं, खड़ी होनी है सबसे बड़ी फैक्टरी
सड़क को पक्का करते दौड़ते हैं इंजिन
गैस के गोदाम से फैलती है अटपटी गंध हवा में
दिन भर धरती को उपसते दौड़ते हैं ट्रैक्टर
अब कहीं होगा वंश सुनहरे साँपों का
नहीं बचा नाग चंपा का पेड़ एक भी
सिर्फ़ दो खड़े हैं महुवे के नशे में धुत, कहते हैं दोनों ही हत्यारे
दोनों पर लटकी मिलीं कई बार युवा लाशें

पन्द्रह

पूनम के दिन दिख सकते हैं सफेद नागराज भैया
कहते हैं दादा फिर रुक जाते हैं उसी दम
रणछोड़ की हत्या को याद कर
हत्याएँ, आगजनी, खुदकशी
चोरी और लूटपाट के किस्सों का धुआँ घेरने लगता है
खाँसते-खाँसते कहते हैं दादाजी
खत्म हुआ सब कुछ बची हैं बातें
फिर तेजाजी के चबूतरे को तकने लगती हैं
उनकी पानी में तैरती आँखें

सोलह

हवा को घायल करते विराट अस्थिपंजर
घर के उजाले को रोकते, ख़तरनाक पंजे

मस्तिष्क के भीतर टूटते आवाजों के दरख्त
रौंदते धरती का गर्भ, मशीनों के दाँतेदार पाँव
और नींद में भी कर देते छेद, समर्थ पीठासीनों के भेड़िया दाँत
और दूसरी तरफ उतने ही आदिम उजाले में
तैरते जीवन के सपने
दीवारों पर संझा के माँडने, आँगन में हल्दी की गंध
गर्भवती साँसों की उष्मा से पिघलता चन्द्रमा
दान-पानी करते गाय-बैलों को सहलाते हाथ
धरती-आकाश को तकती उम्मीदभरी जवान आँखें
भूख के अँधेरे में भी चमकती रोशनी की प्यास

सत्रह

नागझिरी ! मैं हूँ तुम्हारा भाट। तुम्हारी धड़कनों से स्पंदित
दौड़ता मेरा रक्त
तुम्हारी पसलियों में धँसी किंवदंतियों और पीड़ा के लिए
मैं नहीं सिर्फ़ शब्द, मैं उस कपट के विरुद्ध
जो टुकड़ों में बाँट रहा चेहरे
जो जुटा नहीं पाया अब तक कीचड़ के टापू में, साफ सुथरे घर
मैं चुप्पी की गुहा में शंख की तरह
मैं आग की तरह जमे हुए दुःख की बर्फीली चट्टानों में
नागझिरी, मैं एक छोटा सा भाट, मैं आवाज एक दहकती भट्टी
अपने लोगों की आत्मा में बरमे की तरह छेद करते
भय के अँधेरे से ले जाना चाहता हूँ सबको, धूप के पठार पर
झूठ की फहराती पताकाओं को चींथता
महाकाल की तीसरी आँख जैसा
तमतमाता विद्रोही चेहरा सामूहिक देखना, दिखाना चाहता हूँ।

गाँव तो थूक नहीं सकता था मेरी हथेली पर

छुट्टियाँ होने से उन छुट्टियों की याद आ रही है
दशकों पहले मैं नियमपूर्वक छुट्टियों में गाँव जाता ही था
गाड़ियाँ बदलनी पड़ती थीं खण्डवा फिर इटारसी
फिर बड़ी सुबह गाँव का टेशन आता
आमला में ही शुरू हो जाती हड़बड़ी
जगाने और फिर बिस्तर-पेटी समेटनें की
गाँव के टेशन पर जैसे अहसान जताने दो मिनिट को गाड़ी थमती
और मशीन की फुर्ती से अम्मा और बाबूजी
मुझे मय सामान के प्लेटफार्म पर धर देते

मामा और मौसी का बेटा गोपीचंद
नियमपूर्वक प्लेटफार्म पर होते और बाहर
सफ़ेद और चितकबरे से जुती बैलगाड़ी
फिर गोपीचंद भैया बैलों को आर लगाता
मुँह से अद्‌भुत आवाज़ें निकालता
जिनसे मेरी आँखें फटी की फटी रह जातीं
और चौकी फिर पीपल वाला मठ
पटेल मामा का बगीचा और चक्की के मोड़ के साथ
नथुनों में समा जाती गाँव की पहचानी गंध
आ जाता पुश्तैनी घर
जहाँ मैं छुट्टियों में आने को पैदा हुआ था

दो दिन तो पाँव पड़ने जाने में ही बीत जाते
आजी, मामा-मामी, काका-काकी, मौसी-बुआ
और उम्र में बड़े तमाम भाई-बहिन

आज याद करता हूँ तो अचरज से भर जाता हूँ
किसी विराट बरगद से कम नहीं थीं
वंश-वृक्ष की टहनियाँ

गाँव में इंदौर वाले होने का हमारा दबदबा
रेलवे डिपार्ट में सर्विस करने वाले पिता का बेटा
परीक्षा देकर और अव्वल नम्बर पे
पास होकर आनेवाला मैं
मेरी चड्डी और कमीज़ के कपड़ों और उनकी काट को
गाँव के दरजी काका चश्मा चढ़ा कर गौर से देखते
कभी फीते से नापजोख भी करते
नाई मामा महीना खत्म होने के पहले ही
कटिंग बनाने को बेताब रहते
और इंदौर के नाइयों की दुकानों के बारे में
ऐसे मुश्किल-मुश्किल सवाल करते
कि मैं चारों खाने चित हो जाता

हाट के दिन मौसी खर्ची ज़रूर देती
और मैं इंदौर वाला गोंड बाज़ार की भूलभुलैया में
सम्मोहित-सा भटकता रहता
मौसी कुटकी और चने की भाजी वाली दाल
मिट्टी की हाँडी में ज़रूर से पकाती
और मैं गाँव के उस घी को जी भर कूड़ता
जिसके स्वाद को कभी भी तरसेगी दुनिया
अपने पेड़ के कालू आम का स्वाद
आज चालीस साल बाद भी मेरी जुबान पर
इस तरह बसा है जैसे अभी चूस कर निकाली
बिनरेशे वाली पतली गुठली मेरे हाथ में है
जिसे फेंकने को जी नहीं करता
कैरी-जामुन तोड़ते—गन्ना चूसते

मैं अपने खेत की हदों को इस तरह देखता था
जिस तरह किसी राजा ने भी
अपने राज्य की सीमा को नहीं देखा होगा

छुट्टियाँ खत्म होने के दस-पन्द्रह दिन पहले से
शुरू हो जाती हमारी पहुनचारी
दिन में इस मामा के यहाँ रात उस बुआ के यहाँ
फिर काका के इस तरह चलता रहता जीमने जाने का सिलसिला
सभी जगह सिमैया-अमरस, कुरड़ई-भजिए तो होते ही
कबीट-कैरी की चटनी बस बदल जातीं सब्जियाँ

सबसे खतरनाक, यादगार और सौगात भरा
साबित होता गाँव से लौटने का दिन
जब हमेशा धुत्त रहने वाले एक मौसा और बेहद कंजूस काका
भी मुझसे प्यार से बतियाते और पाँव छूते ही
मेरी हथेली पर चाँदी का एक कलदार रख देते
अब तक हैं, मेरे पास सुरक्षित पराधीन दिनों का स्मरण कराते
1914, 1921, 1932 की आग में ढले कुछ सिक्के
रात तक मेरे पास कितनी ही
दुअन्नी, चवन्नी और अठन्नी इकट्ठी हो जातीं
जिन्हें मैं बार-बार गिनता और शहर पहुँचकर
उनको खर्च करने के बारे में मन्सूबे बनाता
इस शाम आरती के वक़्त मठ में जाना ज़रूरी होता
'एक नाम ओंकार' का जाप करता फिर अमरदास बाबा का चेला
परसाद के साथ दुअन्नी या चवन्नी थमा देता

सबसे करुण होती विदा
माँ एक-एक से गले मिलकर सचमुच रोती
सचमुच के रोने की आवाज़ सुनसान और
रात के अँधेरे में देर तक मँडराती रहती

आते वक़्त फिर सबके पैर छूना होते
आजी, मौसी और बुआ मेरी नन्ही हथेली को पकड़कर खोलतीं
और उस पर प्यार से थूक देतीं
जिसके बारे में बताया जाता
इससे भूलते नहीं और ज़िन्दगी भर याद बनी रहती

लौटते वक़्त असबाब बढ़ जाता
गुड़, कुटकी, सावाँ, घी, कुरड़ई, चने-मेथी की सूखी भाजियाँ
मेरी नज़र और चौकसी में रहती चारोली की पोटली
जिसे सुखिया गोंडन मामी से पसेरी के नाप खरीदा गया होता
फिर रवाना होती बैलगाड़ी
पुश्तैनी घर के ओझल होते ही
कंठ रूँध जाता आँखें भर जातीं
अँधेरे में देखता नहीं दिखते शिनाख़्त के ठिए

प्लेटफार्म पर हम ही होते जाने वाले
पिताजी स्टेशन मास्टर से कुछ कह कर आते
और हमारे गाड़ी में ठीक-ठाक चढ़ जाने के बाद ही
हरचरण काका ड्राइवर को टेबलेट पहुँचाते
उस वक़्त हम इतना बड़ा समझते अपने को
जितना आज रेलमंत्री के लिए भी सम्भव नहीं होगा
फिर पहाड़ों, बोगदों और नर्मदा को लाँघते आ जाता इंदौर
होल्करों का पुराना, चन्द्रभागा नदी और छतरियों वाला
सजे-धजे तागों-साइकिलों और बिना ओव्हर ब्रिजों वाला इंदौर
जो अब कहीं नहीं है

दिन गुज़रते परीक्षा पास आती
और शुरू हो जाता छुट्टियों का इन्तज़ार
आजी का कपास जैसा झुर्रियोंदार चेहरा
और चाँदी की तरह चमकते बाल याद आते

मदन, बब्बू, त्रिभुवन के साथ रेल पटरी के किनारे भटकना
छिपकर सिगरेट धुनकना
कुएँ पर मोट चलाना हाँकना बैलगाड़ी
और जी.टी. की तेज रफ़्तार देख दंग रह जाना
याद आता याद आते पत्थर, नसीब कूटते चेहरे
धूसर कपड़े और पेड़ों में छिपे जौलखेड़ा की गंध
याद आती जो पृथ्वी पर और कहीं नहीं हो सकती
चौंक जाता सुनकर पटेल मामा की शेर जैसी दहाड़
तभी दिखती बुआ की बेटी गुणवंती
तब दुनिया की सबसे सुन्दर लड़की वही थी
गाँव तो थूक नहीं सकता था मेरी हथेली पर
पर उसकी याद अमृत-बुझे काँटों की तरह
मेरी आत्मा में गड़ी है

चक्की के मोड़ तक आए
विदा देते सभी चेहरे
मेरी आँखों में मँडरा रहे हैं

मेरे खून में तैरती हैं
पुरानी स्मृतियों की अनगिन नन्ही किश्तियाँ
जिनमें सवार सभी लोगों से
मेरी इतनी सी विनती है
काँटे कोई नहीं निकाले
इन किश्तियों को
कोई मत डूबने दे !

वर्दी

पेट आदमी को तरह-तरह के आदमियों में बाँट देता है
और फिर उनके साथ चस्पां हो जाती हैं
तरह-तरह की नैतिकताएँ
कर्त्तव्य-देश-राष्ट्र-शांति-व्यवस्था की विस्मयकारी कथाएँ

आदमी के इस बँटवारे की एक खास पहचान है वर्दी
जो शुरू के दिनों में उत्तेजक लगते हुए भी
अजीब लगती हैं
बेहद कष्टप्रद, एक जैसे मोटे खाकी कपड़ों को चढ़ाना
पट्टा कसना, नम्बर चिपकाना
जैसे हवा को बोतल में बन्द कर दे पहाड़ की चुप्पी

पिता उससे कहते—मूँछें रखना शुरू कर दो, रौब पड़ेगा
और वह वर्दी में साइकिल पर सवार
अपने को बिजूका समझता
निकलता है सकुचाता पहली बार

और फिर धीरे-धीरे वर्दी उसकी देह का हिस्सा बन जाती है
जैसे वह वर्दी पहनकर ही पैदा हुआ
फिर और कुछ दिनों बाद वर्दी उसकी इज्जत-पहचान
और सब कुछ बन जाती है
अब चीजें फैलना शुरू करती हैं
और शक्लें बदलना
फैलने वाली चीजों में मूँछ-पेट

और साइकिल, मोटर साइकिल में बदल जाती है

बीवी और बच्चों के लिए हव्वा खड़ा कर देते हैं वर्दी के हालात
बटन सही सलामत है, सीवन तो नहीं उधड़ी
कहीं कोई धब्बा-दाग तो नहीं—शेर दहाड़ता है
प्रेस कड़क हो इतनी कि क्रिज पर केला गिरे तो कट जाए

वर्दी वाले की बीवी से ईर्ष्या करती हैं दीगर औरतें
वर्दी वाले के बच्चों से खौफ़ खाते हैं दूसरे बच्चे
वर्दी वालों की अलग जमात बन चुकती है अलग बस्ती
अलग दुनिया एक दुखद बँटवारा
तिस पर बाहर के लोग समझते हैं कुबेर बसते हैं
वर्दी वालों के घरों में

पर आहिस्ता-आहिस्ता वर्दी खाने लगती है
आदमी के भीतर का मुलायम हिस्सा
सोखने लगती है आत्मा पर से बहता झरना
वर्दी वालों की बीवियाँ ढूँढ़ने लगती हैं अपने पति
बच्चे खोजते हैं अपने पिता और वे वर्दी को टटोलते रहते हैं
खुद वर्दी वाला पूछता है अपने से आईने में एक दिन—
कहाँ गया वह लड़का जो बीस साल पहले गुनगुनाता था
तलत महमूद के गाने कहाँ गया, कोई जवाब नहीं मिलता
सिर्फ़ एक मुस्तैद छाया मंत्रोच्चार की तरह बड़बड़ाती है गालियाँ
जो किसी की समझ में नहीं आतीं।

शिकायत यह नहीं है कि विपत्तियाँ नहीं जातीं

परम पिता परमात्मा
धन्यवाद, आज भी सब कुछ ठीक-ठाक रहा
तुमसे नहीं हड़प पाया कोई भी तुम्हारा परमात्मापन

तुम क़ातिलों की बस्ती में गए
और उन्होंने तुम्हें ही अपना रहनुमा बताया
गद्‌गद फूलमालाओं से लदे तुम लौट आए

तुम भूखों की झोंपड़ियों में घुसे
और वहाँ भी तुम्हें प्रसाद मिला
तुम्हारी गाँठ से दमड़ी तक नहीं गई

तुम बाढ़ में गये और सूखे रहे
कीचड़ में चले और तुम्हारे सफ़ेद झक
कपड़ों पर कीचड़ की एक बिन्दी तक नहीं लगी

परमात्मा, तुम कहाँ-कहाँ नहीं प्रकट हुए
सचमुच चमत्कारों से तुमने आतंकित कर दिया भक्तजनों को
उस वक़्त जब तुमने अपाहिज भूखे बच्चे के
माथे पर हाथ फेरा अवश्य देवताओं ने आकाश से
फूल बरसाए होंगे, हम ही अंधे जो नहीं देख पाए

रोती कलपती सद्यःविधवाओं से मिलकर
तुमने उनके मारे गए पतियों की कुशल-क्षेम पूछी

यदि चाहते उनकी माँग में सिन्दूर भर देते
जिससे जीवित हो उठते उनके पति
पर सृष्टि के नियमों की रक्षा-खातिर तुमने ऐसा नहीं किया
और इस तरह खंडित होने से बचा तुम्हारा परमात्मापन

छाती कुट्टा करती माँओं को तुमने देखा
जिससे समुद्र की तरह हहराने लगा उनका विलाप
बलात्कार से घबरायी मुँह ढाँपती
महिलाओं से तुमने सवाल किए
जिससे पत्थर हो गये उनके चेहरे
तुम चमत्कार करते गये जले हुए घरों
और मृत शिशुओं के बीच
और वहाँ भी दृढ़तापूर्वक तुमने कायम रखी
अपनी स्निग्धता और मुस्कान
इससे गीता और अधिक अमर हो गई करुणा-निधान

सचमुच तुम्हारा बहुत-बहुत धन्यवाद
जिसने भी कहा हो शायद तुम्हीं ने
जब जब टूटती है मुसीबत पुण्य भूमि पर
तुम आते हो उतर कर
फिर मुसकाते हाथ दिखाते हुए हमेशा की तरह जाते हो

शिकायत यह नहीं है कि विपत्तियाँ नहीं जातीं
शिकायत यह है कि भयावह विपत्तियाँ
आती हैं महीनों बाद
वर्षों बाद प्रभु, तुम्हारा होता है अवतरण

हत्यारा यहाँ पर हत्यारा नहीं है

ऐसा समय है कि जहाँ पर खड़ा रह सकूँ
कोई जगह ही नहीं है
कपड़ों और जूतों की दौड़ के बीच
असली आदमी गायब हो गया है
वे शब्द जिनके लिए मुझे मर जाना चाहिए
थूक की तरह हिकारत से देखे जा रहे हैं
और मैं जैसे अपनी जगह बदल रहा हूँ
पेट भरने और कुछ फालतू चीजें इकट्ठी करने के वास्ते

यह मौत का डर नहीं है और ज़िन्दगी से प्यार तो कतई नहीं
यह एक कुत्ता ज़िन्दगी की दहलीज पर गड़ी हुई ऐसी नाल है
जो अब फिर से दौड़ते हुए घोड़े के काम नहीं आ सकती

मैं लुच्चों और लफंगों के बीच रहा हूँ
पर मैं वहाँ आदमी था
खराब लोग जानते हैं कि वे खराब हैं
यह दीगर बात कि वे नहीं जान पाते
उनकी आत्मा की नकबजनी के पीछे किन-किन के हाथ हैं

खून का रंग बदल रहा है और खून खून को
नासूर वाले पानी की दिशा में बहा रहा है।

सचमुच भले लोगों के साथ से मैं बाज आया,
यहाँ हर तर्क और संवेदना का संकट अनुपयोगी है

सिर्फ़ एक भगदड़ है और भलमनसाहत का अर्थ
घर भरने के बाद अगर कुछ बचता है
तो वह पेट भरने से पूरा हो जाता है

हत्यारा यहाँ पर हत्यारा नहीं है
क्योंकि झुग्गी-झोंपड़ियों के बिना
असामाजिक तत्त्व हुआ ही नहीं जा सकता,
'सामाजिक तत्त्वों का खुलासा कीजिए' यदि यह सवाल
आपसे या मुझसे कर ही लिया जाए
तो हम कीचड़ के किस कुएँ में कूदने जाएँगे ?
इसके बाद भी जो लोग
भाषा का सर्वस्व तबाह करने पर आमादा हैं
वे ही तो हमारी संस्कृति के रक्षक हैं
और वे समझते हैं करोड़ों लोगों को आदमी कहलाने का हक
उनके टुच्चेपन से ही मिलता है

यह भ्रम इतना पुख्ता है
कि कमीनगी के पत्थर पर इसका इतना भी असर नहीं होता
कि सिर्फ़ गरदन नीची हो जाए
और शब्द कंठ में अटके रहें।

ओसिप मांदेलश्तम के लिए

जिसके लिए कहा गया कि उसकी मृत्यु 27 दिसम्बर, 1938 को हुई होगी

थरथराती हुई जगह से परे थी
बर्फ़ की ठोस ख़ामोशी
उम्मीद की तहस-नहस दुनिया पीछे
और उड़ते हुए पत्थरों से सहमा शब्दों का आकाश

वह दौड़ता रहा
जब तक पाँवों के नीचे था आसरा
और फिर दिसंबर की हवाओं के हिम-बाणों में
फँसकर नहीं-सा हो गया खरगोश

स्लेज पर टँगी हुई परछाईं किसी ने नहीं देखी
अज्ञात इलाके में लुप्त हो गया
समय के अखण्ड साम्राज्य का घड़ीसाज

'रात की मरम्मत नहीं हो सकती'
बुदबुदाता था वह काले और पीले
सूरज के हादसों के नीचे समय की सनसनीख़ेज सुरंग में
पिंजरा बन गया था उसका कमरा
जहाँ पड़ती भुनसारे ही दरवाज़े पर दस्तक
जो दोस्त की नहीं होती थी

कैसे खड़ी देखती रही होगी थकी-माँदी पत्नी
स्याह सूरज में प्रवेश की तरह उसका जाना

उसकी हर हरकत हर शब्द और मुद्रा को
छिपाकर रखने के लिए बनी जिसकी ज़िन्दगी तहखाना

फिर मनगढ़ंत अफ़वाहों की यंत्रणाएँ
खुदकशी, ब्रेड का टुकड़ा चुराया, कोशिश की भागने की
मार डाला गया
और एक सुबह
जीवित नहीं है अब एम.

उसकी विधवा के आँसू पत्थर बन गये
जिन्हें सचमुच पत्थर समझ गुज़र रहे थे उसके हमसफ़र
वह हो ही नहीं सकता था उनका समकालीन
जो आँसू को पत्थर समझ सकते थे
अपनी सुरक्षा-सुविधा की ख़ातिर

सिर्फ़ उसकी विधवा की थकी आँखों के आकाश में
रहा आठों पहर मौजूद दुनिया का सबसे अकेला
थरथराता तारा

हाँ, एक और भी हमदर्द
जो उस वक़्त खड़ी थी जे़ल के फाटक पर
लम्बी कतार में तीन सौवाँ था उसका नंबर
और जिसके आँसुओं की भाप से
दहक रहा था नये वर्ष का बर्फ़

अभी भी किसी की धड़कनें
टाइपराइटर की तरह चल रही हैं
और ब्रह्मांड के पतझर के काँसे की घंटियों की तरह
बज रहे हैं कवि के शब्द।

गुंटर ग्रास को पत्र

गुंटर ग्रास
तुम्हें स्वामियों से मिलना चाहिए था
जो इस वक़्त सुर्खियों में हैं
और ईश्वर की नाक के नीचे
भेड़ियों के लिए चकले चला रहे हैं
घिनौने सिक्कों की टकसाल
जहाँ तंत्र और मंत्र राजनीति के अजीब घालमेल का
फेवीकोल लगाया जाता है सिंहासनों पर
और ताबीज पहना कर चीतों को
गाँवों और शहरों की तरक्की के लिए छुट्टा छोड़ दिया ज़ाता है

तुमने ठीक कहा—
फिल्मों की भाषा तुम्हारी समझ में नहीं आयी
दूरदर्शन के कारनामों से भी तुम्हारी शिक़ायत जायज है
क्योंकि सिर्फ़ बित्ता भर फ़ासला है यहाँ
भाषा की सार्वजनिक मण्डी और बूचड़खाने में
अभिनेताओं, राजनेताओं और जमाखोरों के चेहरों की तिकड़ी में
इत्ता-सा फर्क है कि हिन्दुओं का तीन चेहरोंवाला देवता
दत्तात्रय गलत ढंग से याद आ जाता है

चालीस साल
गुंटर ग्रास, ये चालीस साल
फरेबों के सौदों, गलत कैलेंडरों
और आँकड़ों के लिजलिजे केंचुओं का

काला इतिहास हैं
कर्ज और ब्याज और मुनाफे की संस्कृति का इंद्रजाल
जिसमें फँसने के बाद आदमी ढोर बनकर ही बाहर आ पाता है

यहाँ
डाकुओं के मरणोत्तर स्मारक
हत्यारों के जीते जी अभिनन्दन
पाखण्ड का रंगीन उत्सव
और भूख-बेबसी के बारे में
धूर्त चेहरों के बेशर्म उद्‌गार
छोटे-छोटे गाँवों और कस्बों में
हर चुटकी के साथ एक बच्चा टट्टी और उल्टी से मर जाता है
घंटे का ठोका ठनकता है और एक आदमी
नंगी सड़क पर, खेत के किनारे या जंगल में
भूख से दम तोड़ देता है
कत्लेआम की तरह नहीं होता कुछ भी
हजारों मरे हुए चूहों की दुर्गंध के विस्फोट में
तड़फड़ाती तितलियों की तरह दम घुटता रहता है
रिश्वतखोर नौकरशाहों द्वारा सताये जानेवाले
अबोधों की गिनती करते-करते
बचपन से उमर बीत जाने तक जितने थक जाओगे गुंटर ग्रास
अभूतपूर्व आलम सिद्धान्तों और सेवा संस्थाओं की
मसहरी में छिपे भीमकाय खटमलों का
सुअरबाड़ों जैसे विश्वविद्या मंदिरों के प्रबन्धकों-पुजारियों का
'अभूतपूर्व शब्दों के पंडित' अलंकरण जैसा मानसिक व्यभिचार
चालीस साल का फफोला

गंदगी सचमुच
सैकड़ों जाँच आयोगों के प्रतिवेदनों का दीमक चाटा भूसा
मैं तुम्हें दिखाता

अगर तुम कलकत्ते से इधर भी आ जाते एक बार दिखाता
कीचड़ की लुगदी को चाटती
कीचड़ की संतान
कीचड़ के बीच कीचड़ ही से नहाती हुई औरतें
चिथड़ों की झालर से सजाती
इक्कीसवीं सदी का प्रवेश-द्वार
कीचड़ के सागर में मर्द इनके
आपस में लड़ते-झगड़ते अधनंगे-अधपेट खाये
जहाँ चाहे हग दे जहाँ चाहे सो जायें
ये कीचड़ के सताए हुए
भाषा का कपट इन्हें खा गया
चाट गया इन्हें काले धन का उजाला
इनके सपनों को पंगु बना चुकी
जगमगाते द्वीपों की दुरभिसंधियाँ
श्वेत-वसनों की हिंसक सनातन खूबियाँ

फिर भी यहाँ बुद्धिजीवी खोपड़ियों में
अक्सर चलतीं धुँधली अटकलबाजियाँ
कला की खोपड़ियों में तैरतीं ठंडी आजादी की
पता नहीं कैसी गूँगी परछाइयाँ
डरते-घबराते-शरमाते हैं
चीख से, चीखने से
चीखते रहने से
शायद आड़े आ जाती है, बटन टूट जाने के
भय की भद्रता
विडंबना तो यह है कि अब
दुर्योधन ही करता है चीत्कार—बचाओ-बचाओ
कि संस्कृति का चीर-हरण हो रहा, बचाओ
हकीकत तो यह है
कि नंगी है संस्कृति, नंगा है दुर्योधन

और भक्तिभाव की मुद्रा में
हाँ में हाँ मिलाते सभी नंगे हैं कामातुर सभासद

गुंटर ग्रास
मैं भी देखता हूँ सपने–
जख़्म फूल बनकर तैरते हैं समुद्री झागों में
तीर बनकर उड़ते हैं जंगलों-आकाशों में
एक जख़्म पत्थर बन तोड़ता है
शताब्दियों के जुल्म की गंठान
पर अनोखा, मजेदार और उम्मीद भरा है
तुम्हारा सपना जिसमें अकेली चुहिया ने जने नौ बच्चे
भविष्य के साथ।

सम्माननीय दर्शको

सम्माननीय दर्शको, मोटा स्याह परदा कभी का गिर चुका है
मैं कह रहा हूँ नाटक ख़त्म हो गया
प्रेक्षागृह में रोशनी विदा कह रही है
फिर भी आप लोग सीटों पर कब्ज़ा जमाये क्यूँ बैठे हैं
सज्जनो ! सायरन नहीं बजेगा
फायर बिग्रेड की घंटियाँ नहीं टनटनाएँगी
अब आप कुछ नहीं में क्या देखना चाह रहे हैं
नाटक की अस्थियाँ ही चुनकर जाने का इरादा है क्या
देवियो ! बाहर जाने का दरवाजा खुला पड़ा है
आकाश में बमवर्षक विमान नहीं मँडरा रहे
सड़कों पर कर्फ़्यू का सन्नाटा नहीं है
अपने-अपने घरों का रास्ता नापिए—वहाँ भी तो कुछ होगा
जिससे बचाना जरूरी है।

महानुभावो !
आप किस चीज के लिए परेशान हैं
थिएटर के लिए, नाटक के लिए
निदेशक या नायक के लिए
मुखौटे चिंदा-चिंदा हो चुके हैं
संवादों को चूस कर फेंक दिया गया है
नाँदी पाठ के स्वरों को कौवे ले उड़े हैं
निदेशक आत्महत्या कर चुका है
नायक अकेला ग्रीनरूम में नंगा खड़ा है
और आईना स्याह हो चुका है

इतना बेहूदा प्रदर्शन
और आप लोग हैं कि
इतनी नंगी रोशनी में क्या ढूँढ़ रहे हैं
अपने खून की रफ्तार में सुनो
क्या कोई आवाज़ आ रही है
क्या कोई शब्द गूँज रहा है जिसमें
छिपी हो भविष्य की कोई आहट

दरअस्ल यह नाटक हमारा नहीं था
ये उड़ने वाले सोने के साँप
ये तैरने वाली चाँदी की भैंसें
ये झूठ में तपाई हुई कहानी
ये दीमक से चमकाई पोशाकें
कभी का अन्तर्ध्यान हो गया प्रगति का करिश्मा
इस रद्द करने लायक घटिया तमाशे के
आप क़दरदान ऐसे गुणग्राहक कि
उठ ही नहीं रहे नज़रबंद जैसे
मुझे पता है कभी सूख नहीं सकता
आपकी सहिष्णुता का समुद्र
और आप कहेंगे
हज़ार-हज़ार गाथाओं से धड़कता अपना देश
सूखी रोटी खाकर चुप रहने वालों का अपना देश
पानी पीकर सो जाने वालों का देश
सदियों तक इंतज़ार करने वालों की
हम अमृत संतान
कूड़े कर्कट तक में तत्त्वज्ञान
खोज लेने का अपना अभिमान
पर देवियो, सज्जनो, इसके बावजूद
आपको यह देखना है
कि नाटक खत्म हो चुका है

और विश्वासघात की हवा में
एक अश्लील पोस्टर की तरह
फड़फड़ा रहा है चिथड़ा 'समाप्त'

और उनके बारे में क्या
जो आज भी नाटक के शुरू और इस तरह खत्म होने से
अपरिचित हैं
जो जीते हैं और नहीं जानते
क्यों और कैसे जीते हैं
जो मरते हैं और नहीं कह सकते
कि हम भूख से मरे हैं
जो नहीं कह सकते जीते जी
कि हमें मार दिया गया है
और फिर भी हमें मुस्तैदी से जीना है
क्योंकि हमारा नाम दर्ज़ है मतदाता-सूची में

भद्रजनो !
उनकी दिनचर्या में
नहीं घुस सकता आपका यह
बंद आँखों से नाटक देखने का माद्दा
और खुली आँखों से अंत के
बाद के अंत की प्रतीक्षा का
औघड़ उत्साह
श्रीमान्, उनके पेट पर रात पत्थर की तरह गिरती है
सूर्य कर्ज मॉंगने वाले की तरह आ धमकता है
दोपहर कंधों और पीठ पर शाप की तरह टूटती है
और शाम खाकी वर्दी वालों की कुत्ता गुर्राहट की तरह
उनकी थकी पिंडलियों का मांस नोंच लेती है
दो रोटी नसीब होने के बाद
ज़नाब नाटक तो क्या

उन्हें चंद्रमा भी दिखाई नहीं देता
आकाश के तारे चेचक की तरह लगते हैं
और आँखों पर बेबसी का परदा
नींद पर थकान का पलस्तर चढ़ जाता है

आपकी आँखों पर कौन-सा परदा है
आपकी नींद में कौन सेंध लगा रहा है
घर जाओ, पारम्परिक ढंग से सड़कों पर भौंकते कुत्तों से
बचते सज्जनो-देवियो-महानुभावो,
घर जाओ, यहाँ क्या रक्खा है
स्याह परदा कभी का गिर चुका है
मैं भी जा रहा हूँ, पर बता दूँ
मैं मर रहा हूँ
कुछ नहीं कर पाने की हिक़ारत और
भद्दी प्रार्थनाओं की ज़बर्दस्तियों से
नाटक में कसाईपन के विनम्र चेहरों को देखकर
मेरा पेट गुड़गुड़ा रहा है
सम्माननीय दर्शको !
इस नाटक का पता नहीं कौन सा संवाद
मेरे कंठ में काँटे सा अटक गया है
उबकाई आ रही है

क्या अगला नाटक भी
हम इसी तरह देखेंगे
या कभी खुद भी बनेंगे सूत्रधार ?

पत्थर की बेंच

पत्थर की बेंच
जिस पर रोता हुआ बच्चा
बिस्कुट कुतरते चुप हो रहा है

जिस पर एक थका युवक
अपने कुचले हुए सपनों को सहला रहा है

जिस पर हाथों से आँखें ढाँप
एक रिटायर्ड बूढ़ा भर दोपहरी सो रहा है

जिस पर वे दोनों
ज़िन्दगी के सपने बुन रहे हैं

पत्थर की बेंच
जिस पर अंकित हैं आँसू, थकान
विश्राम और प्रेम की स्मृतियाँ

इस पत्थर की बेंच के लिए भी
शुरू हो सकता है किसी दिन
हत्याओं का सिलसिला
इसे उखाड़ कर ले जाया
अथवा तोड़ा भी जा सकता है
पता नहीं सबसे पहले कौन आसीन हुआ होगा
इस पत्थर की बेंच पर !

लेब्रेडोर

एक

समुद्र सूखने पर जैसा लगेगा
भयानक बेमाप वैसा ही लेब्रेडोर
और कुछ यूँ भी
कि जैसे मिट्ठुओं का हरा रंग बिखर जाए
राख बनकर
अज्ञात इलाकों में पत्थरों के नीचे
दफना दी जाए कोयल की आवाज

शब्दों के भीतर से सड़क ढूँढ़ने की कोशिश में
गिर पड़ें किसी अँधेरे तहखाने में
जुगनुओं की चमक पर पहाड़ों के टूटने की तरह भी
गुमशुदा ग़ायब बहुत सारी ज़रूरी चीज़ें
और ज़ख्मी प्रार्थना इस वक़्त भीतर की लेब्रेडोर
आँतों को निकालकर सुखा दें जैसे जंगली भैंसों की पीठों पर
जैसे रिश्तों, किस्सों और पुरखों की बगीची उखाड़कर
स्मृतिविहीन नंगा नाम टाँग दें
हड्डियों के ढाँचे की तरह

अभी-अभी जहाँ से उड़ गये हों चमगादड़
वैसे ही उजाड़ कोटरों-सी फटी सफ़ेद खंख आँखें
किस भरोसे की दिशा में चीख़ या फुसफुसाहट की
बताओ लेब्रेडोर, कहाँ से शुरू करें हम चाकुओं से खेलती इस हवा में

दो

एक बेईमान-तंगदिल
आदमी के सामने
तुम्हें खड़ा करता हूँ लेब्रेडोर
तुम खामोश रहते हो
वह डींगे हाँकता है
चरित्र ईमान और त्याग की
मुझे लगता है पाँवों के नीचे का समय पत्थर बन रहा है
और तुम पंजे से
सिर्फ़ धरती खोदते रहते हो लेब्रेडोर
उसके जाने के बाद भी
तुम भौंकते नहीं
बस थोड़ी-सी नथुनों में सुगबुगाहट
ज़रा-सा कानों को फड़फड़ाना
तुम बेमौके इतने
शांत तटस्थ क्यों हो जाते हो लेब्रेडोर

मैं जानता हूँ कि कभी कभी
कमीनेपन को अनदेखा करना ही
समझदारी होती है

क्या तुम भी
ऐसे ही स्थितप्रज्ञ-समझदार
हो गये हो लेब्रेडोर

तीन

अख़बार को क्यों खूँद रहे हो
लेब्रेडोर
शब्दों की गंध से इतने परेशान

नहीं है उनमें गूँगेपन का दर्द
जहाँ सूराख किया तुमने
वहाँ था आवश्यक वस्तु अधिनियम का निर्देश

लेब्रेडोर, अपने मुल्क के बच्चे
नहीं जानते दूध का स्वाद
जिस सफेद को गिटकते हैं कभी कभार
वह है किसी संकर जाति का द्रव पदार्थ

जो टुकड़ा तुम्हारे मुँह में
उसमें तस्वीर है दहाड़ते नेता की
उसके इर्द-गिर्द
जय-जयकार करने वालों की टुच्ची भीड़

जो हिस्सा कर दिया तुमने तहस-नहस
वह लम्बा भाषण है
अपने कर्णधार का
कर्णधार दुःखी है कि खूँटा
कमजोर कर रहे हैं लोग
खूँटा मजबूत रहेगा
तो ही सुरक्षित रहेगा देश
यह साबुत हिस्सा
इसमें आँसू हैं
अँधेरे की शीर्षकविहीन सिसकियाँ

लेब्रेडोर, विज्ञापनों के
पहाड़ों के बीच
जिस जगह तुम सूँघ रहे हो
उसी जगह है जली हुई रोटी की गंध

चार

लेब्रेडोर, तुमने मुझे पालतू बना लिया है
मैं लिखना चाहता हूँ
तुम्हारे परछाईं के आकार-सी कविता

तुम्हारी शुद्ध आत्मा की तरह
ध्वनित होती हुई

तुम्हारा प्रयोजन मरोड़ना भय को
गड़ाना दाँत उस जगह
जहाँ से कपट की छाया सिर उठाती है

तुम्हारे ही चेहरे की मासूमियत
और बीभत्सता में छिपा है रहस्य
अपनी सदी के सौन्दर्य-बोध का
तुम्हारे कान या मूँछ तुम्हारी
नहीं कटने दूँगा लेब्रेडोर
तुम्हारी आवाज
न्यायाधीशों तक पहुँचना ही चाहिए

दुनिया पढ़े उन शब्दों को
जिन्हें तुम सूँघकर
दाँतों में दबा उठा लाते हो
उस वक़्त
भौंकना ही होगा तुम्हें मेरे दोस्त
जब सवारी निकले राजा की
तभी टूटेगा जादू
कि राजा के कपड़े
सचमुच कपड़े नहीं हैं
और देखने वाले
नहीं तमाशबीन गूँगे

पाँच

लेब्रेडोर !
सबकी तरफ देखो
आदमियों और औरतों की तरफ देखो
कैसे दुनिया का कल्पवृक्ष मुरझा रहा है
कामधेनु कागज के टुकड़े खा रही है
वे बॉक्सर, ब्लडहाउंड, बुलडॉग से हिंसक
शिकार पर झपट रहे हैं
एक बॉक्सर, दो ब्लडहाउंड
एक बुलडॉग
ये चारों मिलकर खदेड़ रहे हैं
दहाड़ते शेर को
बाकी तो गीदड़ों की फौज है

डोबरमेने-से जल्लादों के हाथों में
खंडासे
और बुलडॉगों-से भक्षकों की
जुबानों पर जनहित और राष्ट्रोन्नति के सुभाषित नारे हैं
मेरे अक्लमंद दोस्त
कब तक तुम्हारी इन्सानियत
अथाह पानी में
पत्थर की आँखों-सी पड़े रहेगी खामोश

तुम तेज तैराक जासूस
कब तक सभ्य और ज्ञानी सज्जनों के
शांत स्वरों में 'हमें का हानि'
का जाप सुनते रहोगे

भविष्य के दूध के दाँत
तेजाब के कुंड में रखने की साजिश हो रही है

बच्चों की नींद के परदों में
खतरनाक अणु अस्त्रों की छायाएँ धँस रही हैं

लेब्रेडोर !
भलमनसाहत की खिड़की के
सभी शीशे चूर-चूर हो चुके हैं
अग्नि-परीक्षा की घड़ी
मौत के पंजों में दबोचे जाने के बाद नहीं आती
पत्थर की फाँस कंठ में अटके
उसके पहले ढूँढ़ लाओ लेब्रेडोर
आग की बस्तियों से
रहस्यबेधी बीज मंत्र

हर चौराहे पर प्रतिमाएँ टूट रही हैं
सड़कों के नाम बेमानी हो गये हैं
घरों से आग के चिन्ह गायब हो रहे हैं

चार जलती हुई आँखों वाला कुत्ता
और भैंसे पर सवार अग्निजिह्वा वाला
समय के सपनों की सीढ़ियाँ रौंदता आ रहा है

तीन सिर वाला कुत्ता
कहाँ है लेब्रेडोर
तुम अपनी अगणित नाकों
और असंख्य पंजों को
प्रकट करो
कुछ विराट असंख्य मुखों से
अप्रत्याशित या सुविचारित
कुछ भी

छः

यह वक़्त बाज़ार है लेब्रेडोर
तुम्हारी परछाईं तक पर
नजर है खरीददार की

मैं तुमसे सच बताऊँ
मैंने खुद बिकते देखी ह
अपनी आवाज़ की परछाईं
उस वक़्त मैं काँप रहा था
डार्क रूम में अपना ही निगेटिव देख

लेब्रेडोर, दिग्-दिगंत नाप आओ
अपनी सावधान करती आवाज के साथ
गश्त लगाते
घ्राण शक्ति की खुपसनी से
उपस लाओ तहख़ानों तक के राज
फिर बताओ और गिनाओ नाम
जो बिकाऊ नहीं हैं उन चीज़ों के

मैं कह जो रहा हूँ
यह वक़्त ही बाजार है लेब्रेडोर
तुम्हारे बूते से ही मैं खड़ा हूँ
इस मौकापरस्त बनाने वाली
साजिश को धकियाता

आज जब तय नहीं है किसी की भी
सुनिश्चित कोई भूमिका
कितना मुश्किल है बताना
कि यह...
यह है वह पत्थर, आवाज, मिट्टी

शब्द जो बिकाऊ नहीं है
बगीचे भर फूलों की गंध
इंच भर शीशियों में
और भूखण्ड भर क्रान्ति के बीज
व्हिस्की की बोतलों में बिक रहे हैं

तुम इतने सुस्त हताश
क्यों हो रहे लेब्रेडोर

मैं जानता हूँ परछाइयों की जड़ें नहीं होतीं
पर देखो मैं तुमसे प्रेम करता हूँ
और अभी वक़्त के बाजारूपंन के बावजूद
अपने से नफरत नहीं करता
और इसीलिए तो
हम इन्कार करते हैं
बेशर्म ज़िन्दगी से
हम स्वीकारा नहीं करेंगे
बेशर्म मौत

सात

दिन के बारह बजे
यह कितना स्याह मौसम है लेब्रेडोर
दम घुट रहा है
शायद हम हाथ पर हाथ धरे बैठे हैं
इसलिए
आतंकित करती आकृतियों से
झन्ना रहे हैं शब्द
संवेदनानाशी अदृश्य भाप का साम्राज्य
फैलता ही जा रहा है सब ओर

तुम धीरे-धीरे साँस लो
कानों को इस तरह मत फड़फड़ाओ
उठ-बैठ मत करो लेब्रेडोर
मौसम के सूचना विभाग की खिड़कियों से
फैलायी जा रही है जो धुंध
उससे क्षतिग्रस्त नहीं होगा
हमारा गोपनीय तथ्य संग्रह केन्द्र

नवजात शिशुओं की दफनाई देहों को
खोदकर ले जाने वाली रातों को
मैंने नींद और सपनों के बाहर से देखा है
और तस्दीक किया है
बड़े पत्थरों और सफेद कपड़ों के प्रमाण से
कि यह काम कबरबिज्जुओं का नहीं
आदमी या आदमियों का था
और मैं अंतिम तारे के अदृश्य होने तक
सोचता-दोहराता रहा हूँ दो शब्द
आदमी / आदमखोर

लेब्रेडोर, सब कुछ
जैसे मस्तिष्कहीन गूँगेपन की चपेट में
आ गया है
चीज़ें खतरनाक ढंग से सिमट आई हैं
कि फूलों से बंदूकें
और बच्चों से बुलडोजर सटे जा रहे हैं
शायद
हम हाथ पर हाथ धरे बैठे हैं
इसलिए

क्या तुमने ग़ौर किया है लेब्रेडोर
इस अंधेपन की गुत्थमगुत्था के
भीड़-भड़क्के में से
कविता के जरिए
रास्ता बनाने की कोशिश में
पिचक गये हैं शब्द
और बह रहा है खून पंक्तियों से

लेब्रेडोर !
शर्म के भीगे कपड़ों
और काँटेदार कँपकँपी का बन्दोबस्त
होना ही चाहिए
फिलवक़्त थोड़ी-सी घासफूस
हाथ तांपने के लिए

आठ

लेब्रेडोर !
दुर्घटनाओं के इस
चकनाचूर दृश्य में–
इतनी बेरहमी के साथ जब
खींचा जा रहा है फंदा
हम दोनों खड़े हैं निरुपाय
हमारे लिए क्यों नहीं
कहीं कोई सड़क
सिर्फ़ तुम मुझ पर भौंकते हुए
मैं तुम्हारी परछाईं को कोसता हुआ

गाँधी की प्रतिमा ढहा दी गई है
लेनिन की तस्वीर को उलट दिया गया है
संगीनों के जुलूस और

दलबदलुओं की भीड़ के शोर-शराबे में
खबरों को इस तरह परोसा जा रहा है
जैसे गूँगों की पंगत का
हादसों से पेट भरने के सिवा
और कोई राष्ट्रीय कर्त्तव्य नहीं बचा

हेडलाइनों के बीच
धड़ल्ले से छपते फोटुओं को देखकर
कहेगा कोई भी शताब्दी बाद
हत्यारों को पूजा जा रहा था
हमारे समय में

लेब्रेडोर !
हमसे किये जा रहे हैं
चाकू सवाल
और इस राष्ट्रव्यापी
लूट-खसोट में
हम मुँह बाए देख रहे हैं
अपने ही शब्दों के भीतर से
उफनता अँधेरा
टूटकर छिटकना नहीं जानती है धरती
लेब्रेडोर ! दिल तोड़े जा रहे हैं
आदमी के भीतर खतरनाक तोड़फोड़
और हथौड़े आसमान में नहीं
हमारे हमशक्लों के हाथों में हैं
वह पसीने को रौंदने
और रुपयों को निगलने वाली भूख का
दैत्याकार है लेब्रेडोर

हम कब तक अवाक् देखते रहेंगे
हमारी सारी पुराकथाएँ

इतिहास-भूगोल समेत
बदल सकती हैं एक खेदजनक झूठ में
एक सामूहिक कायर पराजय
अपनी ही अपने सामने
और हम आतुर नहीं
पानी की तलाश तक के लिए

जय-जयकार में सम्मिलित
मुकुट के लिए
सिंहासन के पायों पर समर्पित
महान बौने प्रतिष्ठित मुट्ठी भर लेब्रेडोर
और हम करोडी
सूरज को टोहने वाले
फिर भी इस वक़्त यह कैसा तमाशा
आँख मूँदने का
कैसा पक्षाघात पेड़ों के भीतर
और धरती भी अवसन्न बेखबर
अपनी उर्वरता से

रक्त में यात्रा करती कविता
और ऋण चुकाने के एहसास के बीच
साहस की गजकुण्डी फोड़ने के लिए
किसी को आगे आना ही पड़ेगा लेब्रेडोर
किसी को भी
सबसे पहले तुम ही छाप दो
अपनी गुर्राहट और भौंक
मेरे कलेजे पर
मुझे सूँघो और करो मुझमें
मेरे कायर अपराध की खोज

नौ

इस वक़्त मेरा सब कुछ दाँव पर लगा है लेब्रेडोर
और मेरे लिए अपना नहीं बचा है
मेरी ही छाया का कोई-सा भी टुकड़ा
आँसुओं के भीतर एक करुण आवाज
गुर्राती है तुम्हारी तरह
और अफ़सोस जिसे कोई सुनना नहीं चाहता

एक सिर्फ़ तुम हो मेरी आत्मा की छाया के हिस्सेदार
जिसे भरोसे की लगती है मेरी गंध
और जब तुम्हें थपथपाता हूँ मेरे यार
मुझे लगता है बची है अभी भी ताकत
आदमी होने की, करने की प्यार

कल रात मैं नींद से लड़ता रहा
एक थका-माँदा आदमी सोने को बेजार
चुप चन्द्रमा चुप सड़क
खामोश पेड़-पत्तों के बीच चुप आकाश
अपनी शिकस्त में भी जाना मैंने
कि किस तरह आदमी की तरह साँस लेने में
मददगार बनता है अनन्त मौन
तुम भी थे कितने शांत चाँदनी में
तपस्वी जैसे लगते मेरे लेब्रेडोर

पर मेरे भीतर था अंतहीन शोर
जो पहले मुझे चरखी में पिरोता था
और फिर से बना आदमी साबुत
खड़ा करता था आरे के नीचे
और दोहराया जाता था यही क्रम बार-बार
कितनी चाँदनी थी

कितना मेरा लहू
कितने टुकड़े थे छायाओं के
कितना चिंदा-चिंदा मैं
अब दिन के इस अंधे उजाले में
सब कुछ बताना
कितना मुश्किल लेब्रेडोर

दस

यह तुम्हें यकायक क्या हुआ
कैसी अजनबी-सी हरकत कर रहे हो लेब्रेडोर !
क्या तुम भी पहुँच तो नहीं गए थे पंडितों की सभा
जहाँ खुदाई-कर्म से निकाले जाते हैं
ब्राह्मणों के अति प्राचीन शब्दों के नुकीले जीवाश्म

तुम अपने को इस कदर बौना समझ रहे हो
जैसे संस्कृति को समझने के लिए
सचमुच तुमको बनना ही पड़ेगा
संस्कृत अकादमी का सम्मानित सदस्य

लेब्रेडोर !
ऐसे विद्या-केन्द्रों का यही तो चरित्र है
कि वे अपनी ही नजर में छोटा कर देते हैं
आदमी को
यही तो रहस्य है पंडित-प्रतिभा और प्रतिष्ठा का
जो पूजा करवाती है देववत्
और घोषित कर देती है
आसपास को अज्ञान का उजाड़

लेब्रेडोर !
दुम कटवाने की कतई ज़रूरत नहीं

तुम भौंको इन पर भी
अपने उसी अंदाज में जैसे
झपट्टा मारते डाकुओं पर
पुराने और नए पंडितों के कसाईखाने से
आती आवाजों को
ध्यान से सुनना-समझना होगा इस वक़्त
क्या इनमें कोई आर्तनाद है या पीड़ा
उनकी तो तरस रहे रोटी के टुकड़े-टुकड़े को
भूखे पेटों पर उपदेशों के खजानों से
ढूँढ़-ढूँढ़ कर ये संतोष के पत्थर फेंकते हैं लेब्रेडोर

कटते हुए बाँसों से भी सुनाई पड़ती है
बाँसुरी के नष्ट होने की आवाज
पर ये विद्यापीठों के प्रवक्ता
कच्चे पत्थर से कच्चे पत्थर तोड़ रहे हैं
एक भी चिंगारी नहीं
ये आग से शब्द, शब्द से आग पैदा करने के बदले
आग को राख में बदल रहे हैं
और यही है
इनकी दिव्यता-अद्वितीयता का राज़

लेब्रेडोर !
पाखण्डियों के धर्म-संकट के असमंजस से
कहीं बेहतर है
लफंगों की बस्ती का चौपाल
जहाँ ईश्वर के नकाबपोश चेहरे तो नहीं
जहाँ नहीं आदमी की छाया को
काटने-कुतरने का कपटपूर्ण व्यापार

ग्यारह

लेब्रेडोर !
भीतर आ जाओ
देख रहा हूँ तुम्हारे माथे पर दुःख की सलवटें
तुम्हारी चुप्पी का धीरज
मेरी साँसों को दहका रहा है

ऐसे भी बुरे वक़्त आते हैं
जब दरवाजे-खिड़कियाँ बन्द करने का मतलब
न तो डरना होता है न मैदान छोड़ना

तुमने देखा किस तरह भरी बरसात में
उस अधेड़ औरत को कीचड़ में घसीटा गया
उसका कसूर
कि वह ऐसे बेटे की माँ हुई
जो लोगों को जगाने का गुनहगार साबित हुआ

लेब्रेडोर ! यह कातिलों के बीच
आदमी होने की यातना है
मुझे देखो मैं गुस्से को थूक की तरह निगल रहा हूँ
खून को पानी की तरह बहाने के बदले
पत्थर की तरह आँखों में थामे हूँ

आत्मा की खनकती आवाज़ के सहारे
हम दोनों को घास की चुप्पी में दुबककर
धरती से सटना होगा
दर्शक की तरह नहीं
सगे की तरह शामिल हैं हम गूंगे दृश्यों में
जिन्हें पीटा और तबाह किया गया
हम उनकी छाया के प्रताड़ित हिस्से हैं

सुनो कहीं अटकी-फँसी चीख
मेरे फेफड़ों में बसकर
शब्दों में बदलने को छटपटा रही है

जिन्हें हाँका गया
और जिनकी चमड़ी और आँखों की चमक पर
दुःख की परतें जमी हैं
पत्थर की तरह गड़ी नहीं रहेंगी हमेशा
उनकी आह और कराह
भीतर आओ लेब्रेडोर, मेरे साथ
याद करें हम
ज्वालामुखियों और विस्फोटों का स्वभाव !

●●●